W0416007

COLLECTION FOLIO

Akira Mizubayashi

Âme brisée

Gallimard

Theodor W. Adorno, *Moments musicaux*, traduction de Martin Kaltenecker © Contrechamps Éditions, Genève, 2003.

Pages 50 et 230 : extraits du *Quatuor à cordes n° 13 en la mineur D. 804, op. 29, « Rosamunde »* de Franz Schubert. Photo © IMSLP / CC.BY SA 4.0.

© *Éditions Gallimard, 2019.*

Écrivain et traducteur japonais, Akira Mizubayashi est né en 1951. Après des études à l'université nationale des langues et civilisations étrangères de Tokyo (UNALCET), il part pour la France en 1973 et suit à l'université Paul-Valéry de Montpellier une formation pédagogique pour devenir professeur de français (langue étrangère). Il rentre à Tokyo en 1976, fait une maîtrise de lettres modernes, puis, en 1979, revient en France comme élève de l'École normale supérieure. De 1983 à 2017, il a enseigné le français à Tokyo, successivement à l'université Meiji, à l'UNALCET et à l'université Sophia. *Une langue venue d'ailleurs* (2011) a reçu de l'Association des écrivains de langue française le prix littéraire de l'Asie 2011, de l'Académie française le prix du Rayonnement de la langue et de la littérature françaises 2011 et du Richelieu international-Europe le prix littéraire Richelieu de la francophonie 2013. *Mélodie : Chronique d'une passion* (2013) a obtenu le prix littéraire 30 Millions d'amis 2013 et le prix littéraire de la Société centrale canine 2013. Depuis ont paru *Petit éloge de l'errance* (2014), *Un amour de Mille-Ans* (2017), *Dans les eaux profondes* (2018) et *Âme brisée* (2019).

À tous les fantômes du monde

ÂME, subst. fém. *Musique. Âme d'un instrument à cordes.* Petite pièce de bois interposée, dans le corps de l'instrument, entre la table et le fond, les maintenant à la bonne distance et assurant la qualité, la propagation comme l'uniformité des vibrations.

Trésor de la langue française

Face à la musique de Schubert, les larmes coulent sans questionner l'âme auparavant, puisqu'elle se précipite sur nous avec la force même de réalité, sans le détour de l'image. Nous pleurons, sans savoir pourquoi ; parce que nous ne sommes pas encore tels que cette musique nous promet d'être, mais seulement dans le bonheur innommé de sentir qu'il suffit qu'elle soit ce qu'elle est pour nous assurer qu'un jour nous serons comme elle.

THEODOR W. ADORNO, *Moments musicaux*

RECUEILLEMENT

« Dimanche 6 novembre 1938, Tokyo.

Bruit sec et tranchant des pas de bottes, grandissant, ralentissant. Quelqu'un marche. Il s'est arrêté... Il a repris sa marche... Il s'est arrêté de nouveau. Il est maintenant tout près. Je crois entendre sa respiration. Un petit bruit de quelque chose qui entre en contact avec du bois. Il vient de poser quelque chose sur le banc ? Je suis dans le noir, tremblant de peur. La peur me donne froid au dos. Silence. Tout à coup, le voile d'obscurité se déchire. Un grand carré lumineux fait irruption devant moi. Qu'est-ce que je vois ? Mes yeux éblouis voient un immense corps d'homme, debout, droit, vêtu d'un uniforme militaire kaki. Je ne vois pas la tête ni les pieds. Je vois le devant de l'uniforme avec les boutons bien alignés verticalement, un lourd sabre qui lui pend à la taille, les bras, les mains qui sortent des manches, les deux jambes jusqu'aux genoux comme des troncs d'arbre robustes. La lumière éclaire cruellement mes pieds chaussés de chaussettes vertes en coton que je ne peux pas cacher davantage. À côté de mes pieds pétrifiés, mon livre… dont la couverture blanche est bordée de chaque côté d'une mince raie orange. Le titre en gros caractères noirs s'offre sans honte à la lumière vive : *Dites-moi comment vous allez vivre.* Sous le titre est imprimé en petits caractères le nom de l'auteur ; et en bas, en caractères moyens, le nom de la collection à laquelle le livre appartient : « Bibliothèque des petits citoyens ». Il va le prendre ? Dépêche-toi, il faut le devancer ! Non, il vaut mieux que je ne bouge pas… Une fraction de seconde après, je pose ma main droite sur le livre et m'en saisis. Je retire doucement ma main tremblotante… Plusieurs longues secondes passent… Je ne sais ce qu'il fait, le corps ne bouge pas d'un pouce. J'ai peur. Instinctivement, je ferme les yeux. Le silence persiste. Je rouvre les yeux à moitié. Il se penche alors lentement, très lentement, comme s'il hésitait, comme s'il n'était pas sûr de ce qu'il faisait. Une tête d'homme, coiffée d'un képi de la même couleur que l'uniforme, apparaît devant mes yeux. À contre-jour, elle est voilée d'une ombre épaisse. Du bord du képi descend par-derrière jusqu'aux épaules une pièce d'étoffe également kaki. Les yeux seuls brillent comme ceux d'une chatte qui guette dans les ténèbres. Mes yeux, maintenant grands ouverts, rencontrent les siens. Je crois pouvoir reconnaître un discret sourire qui s'esquisse et qui se répand autour des yeux. Qu'est-ce qu'il va faire ? Il va me faire mal ? Il va me sortir de force de cette cachette ? Je me blottis davantage sur moi-même. Soudain, il se penche de côté et se baisse un peu, puis il se relève aussitôt avec, dans la main, le violon abîmé qu'il a posé sans doute, il y a quelques instants, sur le banc juste à côté de l'armoire où je suis réfugié. Tout à coup, se fait entendre une voix d'homme forte et pressante, se rapprochant rapidement :

— Kurokami ! Kurokami !

Machinalement, il tourne la tête comme s'il se demandait d'où venait exactement la voix, comme s'il cherchait à identifier l'auteur de l'appel ; tandis qu'une crispation nerveuse parcourt son visage.

Il me tend sans mot dire le violon cassé, presque aplati, qui, avec ses quatre cordes dessinant un contour bombé, revêt dans l'obscurité l'allure d'un petit animal agonisant. Je ne sais pas ce qu'il faut faire… j'hésite… mais, finalement, je prends l'instrument endommagé, craintivement, avec mes deux mains.

— Kurokami ! Lieutenant Kurokami !

Il s'empresse de fermer la porte, tout en me fixant une dernière fois. Le regard inquiet et désemparé qu'il me lance est suivi d'une amorce de sourire qu'il retient vite à l'approche de celui qui crie son nom depuis tout à l'heure.

— Ah, te voilà ! Qu'est-ce que tu fous là, Kurokami ? On s'en va. Pas le temps de lambiner.

— Oui, mon capitaine ! Excusez-moi, je vérifiais si on n'avait rien oublié…

Dans le noir de l'armoire, j'entends

distinctement une voix d'homme dure que je crois être celle qui criait tout à l'heure « Kurokami ! ». Je suis étonné d'entendre le nom de Kurokami, car j'étais loin d'imaginer que « noirs *(kuro)* cheveux *(kami)* » pouvait être un nom de famille. L'homme articule des mots que je ne comprends pas très bien sur un ton autoritaire ou comme quelqu'un de très en colère. Il me fait peur. Une autre voix d'homme lui répond d'une manière posée, tranquille, presque douce. Est-ce la voix de celui qui m'a donné le violon ?

Peu à peu les voix s'éloignent. Les pas aussi. Je reste dans le noir. Bientôt je n'entends plus rien. Ou plutôt, j'entends tout au bout du long corridor de mes oreilles comme le chant faible et obstiné des cigales qui vont mourir. C'est l'acouphène, mot que j'ai appris récemment de mon père. C'est le bruit du silence en quelque sorte. Je regarde par le trou de la serrure. La salle est sombre à cause des rideaux noirs fermés, mais suffisamment éclairée par les néons pour me persuader qu'il n'y a plus personne. Quelle heure est-il ? Ça ne doit pas encore être la tombée du jour, mais je commence à avoir faim. Je tends l'oreille… et je me dis qu'il n'y a vraiment plus personne. Alors, je soulève le loquet le plus doucement possible et essaie en entrouvrant la porte de ne pas provoquer le moindre bruit. Mais ça couine… Tais-toi ! me dis-je. J'attends un peu… Rien de nouveau, c'est toujours aussi silencieux. Il n'y a plus personne. Je remets mes chaussures en toile que j'avais ôtées pour ne pas faire de bruit. Je sors de ma cachette, le violon abîmé dans les mains, mon livre dans la poche de mon pantalon. Je fais quelques pas timides, j'ai du mal à marcher : ah ! j'ai des fourmis dans les jambes ! Je m'arrête. J'attends trois secondes. Je reprends ma marche. Je traverse la grande salle et m'avance vers la sortie. Je pousse, de tout mon corps, la lourde porte d'entrée. Je suis maintenant debout devant le bâtiment du Centre culturel municipal. Je lève les yeux vers le ciel. Le jour s'en va. Il commence à faire sombre. Je me sens seul, désemparé. Des sanglots me montent à la gorge. Une force noire, énorme m'écrase, projetant sur moi des ombres informes, oppressantes. Des gens passent dans la rue. Des soldats de la Police militaire, fusil sur l'épaule, patrouillent. Je ne vois pas un seul enfant autour de moi. Où est-ce qu'il est passé, papa ? Il va revenir ici ? Ou rentrera-t-il directement ? Je prends la rue qui va vers la maison. J'accélère mes pas… portant le violon détruit comme un animal mourant que je veux sauver à tout prix… »

Je suis debout, planté devant l'autel du placard grand ouvert. J'ai les yeux fermés. Je sens derrière moi le doux parfum d'une présence féminine. Je descends lentement le sombre escalier du temps…

I

Allegro ma non troppo

1

C'était un dimanche après-midi timidement ensoleillé. Le petit garçon, un collégien de onze ans, lisait seul sur un banc à dossier dans la grande salle de réunion du Centre culturel municipal. Il se concentrait sur son livre. Rien ne semblait pouvoir détourner son attention des pages qu'il tournait à intervalles réguliers, tant il était absorbé par l'histoire qu'il suivait, par les mots qu'il goûtait dans une immobilité de statue. Son père vêtu d'une simple veste grise balayait, quant à lui, le sol jonché de moutons par-ci par-là. Lorsqu'il eut fini de faire un ménage sommaire, il mit l'un à côté de l'autre deux pupitres pliables qu'il avait apportés de chez lui.

— Alors, Rei*, c'est intéressant, l'histoire de Coper ?

Rei ne broncha pas. Coper, surnom venu de Copernic, était le personnage principal de son

* Le prénom Rei se prononce : [re-i].

livre : un collégien japonais de quinze ans. On l'appelait en fait Coper-kun en ajoutant au surnom le suffixe *kun* qui exprime affection et sympathie.

— Pendant qu'on répète, tu peux continuer à lire, mais tu leur diras bonjour quand ils arriveront ! Tu entends ?

— Oui, papa.

Le garçon répondit à voix basse, en avalant un peu d'air, sans quitter des yeux son livre. Le père se dirigea vers le hall. À peine avait-il disparu dans le couloir qu'il revint avec deux grands cartons vides destinés à transporter des fruits, l'un de couleur kraft, l'autre jaune avec un dessin sur le côté, représentant une clémentine. Il les posa à la verticale, l'un après l'autre, de manière que les pupitres métalliques se trouvent bordés par les deux cartons. Le père s'adressa à son fils.

— Tu en es où ?

— …

Le père haussa la voix.

— Hé ! Rei, tu en es où dans ton livre ?

— Oh, excuse-moi, papa… Euh… à la page des statues de Bouddha de Gan… dha… ra…

Rei trébucha sur le mot Gandhara.

— Ah, c'est le moment où l'oncle explique à Coper-kun que ce sont les Grecs qui ont eu l'idée de faire des statues de Bouddha bien avant les gens d'Asie… C'est formidable, ce passage !

— C'est bientôt fini, c'est dommage ! murmura Rei en regardant la minceur des pages qui restaient à lire.

— Alors, ça ne t'a pas fait pleurer ?

— Oh si, quand Kitami-kun s'en prend à Yamaguchi pour défendre Urakawa-kun. Tout le monde se moque de lui, le pauvre !

— Yamaguchi et son groupe ridiculisent Urakawa-kun à cause de l'*abura-agué* (tofu frit) qu'il a tous les jours dans son *bento* parce que ses parents sont des marchands de tofu. C'est ça ?

— Oui. Puis il y a une autre scène : Coper n'a pas le courage de se mettre du côté de ses deux copains... Ils sont maltraités par la bande des aînés ! Je n'ai pas pleuré, mais j'étais tellement furieux contre ces aînés orgueilleux ! Ils ordonnent à Kitami-kun de leur obéir ! Sinon, il est regardé comme un élève qui n'aime pas son école, un traître !

— Ah oui, elle est palpitante, cette scène ! Mais tu n'as pas aimé ce qui suit ? Il y a de très belles pages sur la souffrance de Coper à cause de sa couardise justement... Puis sa mère est d'une telle gentillesse avec son fils ! Tu sais, la mère de Coper me fait penser à la tienne...

— Oui, oui, quand sa mère lui parle de ce qu'elle n'a pas pu faire par timidité ou par manque de courage vis-à-vis de la grand-mère qui montait les escaliers d'un temple avec un gros baluchon à la main... Ça m'a fait pleurer... Coper n'a plus son papa, moi c'est ma maman... On se ressemble un peu...

— Tu sais, Rei, j'aimerais bien qu'on parle tous les deux de ce livre, quand tu l'auras fini...

Rei, immergé déjà dans les dernières pages du livre, ne répondit pas.

C'est à ce moment-là qu'on entendit des bruits de pas dans le hall. Un homme d'une quarantaine d'années, plutôt grand, aux cheveux blonds, entra dans la grande salle. Il portait un costume beige avec une écharpe bleue en coton autour du cou.

— Bonjour, Yu. Comment ça va ? Je savais que vous étiez là. Vous m'aviez dit que vous répéteriez cet après-midi avec vos amis musiciens...

— Ah ! Bonjour, Philippe ! Quelle surprise ! Qu'est-ce qui vous amène ? Je ne m'attendais pas à vous voir ici, répondit Yu dans un français un peu hésitant, mais parfaitement correct.

— Euh...

— Vous avez l'air préoccupé, Philippe...

Le visiteur étranger remarqua, par-dessus les épaules de Yu, le garçon qui, ayant suspendu sa lecture, regardait d'un air un peu songeur les deux adultes en conversation.

— *Rei-kun, genki ? Naniwo yonderuno, sugoku omoshirosoodane, sono hon ?* (Ça va, Rei ? Qu'est-ce que tu lis de passionnant ?), demanda Philippe dans un japonais tout à fait compréhensible malgré une intonation qui sonnait étrangement à l'oreille de Rei. Philippe, sans attendre la réponse que Rei était sur le point de lui donner, regarda Yu dans les yeux.

— Ma femme et moi, nous avons décidé de rentrer en France. La vie ici devient difficile pour moi... J'ai demandé mon rapatriement. La décision du journal ne devrait pas tarder… Enfin, j'aurais aimé parler de tout ça avec vous, mais là, vous n'avez pas le temps…

Yu regarda sa montre.

— Non, ils vont arriver d'un moment à l'autre. Vous ne pouvez pas venir me voir ce soir chez moi ? Ou je viendrai vous voir, si vous voulez. Sinon demain soir, si ça vous arrange.

— D'accord, ce soir, je passerai chez vous, mais un peu tard, vers vingt heures, vingt heures trente, si ça ne vous dérange pas, répondit Philippe, après un instant d'hésitation.

Les personnes attendues par Yu venaient juste de rentrer dans la salle. Deux hommes et une femme, entre vingt-cinq et trente ans. Yu les salua en se courbant et leur serra la main. Après quoi, il leur présenta Philippe, en ajoutant qu'il était correspondant d'un journal français. Les amis de Yu étaient de nationalité chinoise. Le plus jeune des trois s'appelait Kang (康). Il avait à la main gauche un violon dans son étui. La jeune femme prénommée Yanfen (硯芬) était altiste, tenant un étui un peu plus grand que celui de Kang. Le dernier, qui paraissait plus âgé que les autres avec sa barbe et son front dégagé, portait gaillardement sur ses épaules une caisse de violoncelle. Il s'appelait Cheng (成). Les trois jeunes musiciens amateurs faisaient partie des rares étudiants chinois qui ne s'étaient pas laissé enfermer dans l'étroite vision d'un nationalisme exacerbé face à l'animosité réciproque sans cesse croissante depuis l'incident de Mandchourie en 1931 entre leur pays du Milieu envahi et l'Empire nippon gagné par l'expansionnisme colonial.

— *Mizusawa-san, kyowa oisogashii no dewa naïdesuka ?* (Monsieur Mizusawa, vous êtes peut-être occupé aujourd'hui ?), dit Cheng à Yu dans un japonais fluide, avec un sourire qui s'épanouissait sur son large visage.

Yu remarqua que Cheng lançait un regard furtif vers son ami journaliste.

— *Iya, sonnakoto wa arimasen, Cheng-san. Filippu-san towa atode hanashimasukara goshinnpai naku.* (Non, ne vous inquiétez pas, Cheng, je suis à vous. Avec Philippe, nous aurons tout notre temps plus tard.) Yu ajoutait à la fin de chacun des prénoms qu'il prononçait le suffixe *san*, expression d'une politesse affectueuse en japonais, comme Cheng venait de le faire avec le nom de famille de Yu : Mizusawa.

— Je vais rester un petit moment pour vous écouter. Ne vous occupez pas de moi, Yu.

— Merci, Philippe. On se voit donc ce soir.

— Oui.

Yu alla vers la remise qui se trouvait tout près du banc à dossier. Il y dénicha deux tabourets et, en revenant, il dit à son fils absent du monde environnant :

— Rei, ils sont là. Tu leur dis bonjour !

Le fils se leva et regarda les trois amis chinois de son père qui étaient en train de sortir leur instrument.

— *Konnichiwa !* (Bonjour !), dit Rei d'une voix claire en leur faisant de petites courbettes.

Les musiciens chinois lui répondirent en même temps. Les hommes levèrent la main pour le saluer, tandis que Yanfen lui envoya un beau sourire en lui disant qu'elle était curieuse de connaître le livre capable de captiver son attention aussi puissamment. Rei fut surpris par la beauté veloutée de la voix féminine aussi bien que par les mots japonais qu'elle articulait d'une seule coulée. Il regarda la jeune femme. Elle était habillée d'une robe marron foncé qui faisait ressortir les lignes de son corps svelte. Son visage ovale brillait d'une éclatante blancheur. Ses cheveux noirs mi-longs étaient noués derrière sa nuque nue. Ses yeux étaient comme des bijoux renversés reflétant tous azimuts le doux rayon du soleil matinal. Ses lèvres sans rouge bougeaient comme des feuilles vertes frémissant au gré du vent tiède de printemps. Le menton de la jeune femme était le point de départ d'une mystérieuse ligne courbe qui finissait par tracer la discrète rondeur de sa poitrine.

Surpris de l'indiscrétion de son propre regard, Rei tenta de se ressaisir et se replongea vite dans son livre où son attention troublée n'arrivait pas à retrouver le début des lignes à lire.

Yu plaça les tabourets devant les pupitres. Kang revenait alors de la remise avec deux autres tabourets qu'il posa à côté des cartons. Yu, à son tour, sortit de l'étui son violon qu'il avait laissé sur le parquet entre le banc et une grande armoire européenne en acajou sculpté dont on remarquait la présence à la fois massive et discrète. Puis, machinalement, il alla ranger l'étui dans le cagibi.

Ils étaient assis à présent tous les quatre, formant un demi-cercle. Yu assurait le premier violon ; Kang le second. À côté de celui-ci se trouvait Yanfen, l'altiste. Enfin, Cheng, le violoncelliste, se tenait presque en face de Yu à 2 mètres de distance. Ayant posé leur partition respective soit sur le pupitre soit sur le carton, ils commencèrent à accorder leurs instruments. Soudain, Yu s'adressa à son fils comme s'il se rappelait quelque chose d'important :

— Rei, excuse-moi, tu peux tirer les rideaux noirs et allumer la lumière ?

Rei, cette fois, réagit aussitôt.

— C'est notre troisième séance de travail, mais nous en sommes toujours au premier mouvement ! dit Yu en s'adressant à Philippe. Puis il s'empressa de traduire en japonais pour ses amis chinois ce qu'il venait de dire à Philippe en français.

— Heureusement ! On essaie de prolonger notre plaisir au maximum ! dit Cheng en rigolant. On n'est pas pressés, nous, n'est-ce pas !

Tous les quatre rirent de bon cœur. Philippe en fit autant, poussé par leur bonne humeur dans laquelle il croyait percevoir une infinitésimale dose d'inquiétude mal dissimulée.

— On y va ? dit Yu aux trois autres musiciens.

Un long silence se fit. Puis Kang signala le départ à l'altiste et au violoncelliste en hochant la tête très légèrement de haut en bas, tandis que Yu, plaçant sous le menton son instrument brillant de la lumière blafarde descendue des néons du plafond, attendait son entrée imminente, l'archet encore en l'air. Kang dessinait en *pianissimo* une mélodie langoureuse qui glissait tout doucement sur le clapotement régulier de notes graves assurées conjointement par Yanfen et Cheng.

Immédiatement, Philippe, plus que mélomane, pratiquant lui-même la clarinette depuis son adolescence, reconnut le début du quatuor à cordes en *la* mineur opus 29 de Schubert, dit « Rosamunde ». Ébloui par la beauté frémissante de cette musique qu'il n'avait pas entendue depuis longtemps, il resta immobile plusieurs minutes, assis sur le banc à côté de Rei qui, tenant son livre ouvert, fixait son père totalement absorbé dans les pages déployées de la partition. Mais, après avoir jeté un coup d'œil sur sa montre de gousset, il se leva doucement. Il posa sa main délicatement sur la tête de Rei et lui chuchota à l'oreille : « *Bye bye, matane* (à bientôt) *!* » Puis il gagna la porte sur la pointe des pieds sans regarder les musiciens en train de jouer. Avant de refermer la porte cependant, Philippe fixa, un quart de seconde, son œil pénétrant et intense sur Yu qui lui répondit par un sourire à peine perceptible. Quant aux trois musiciens chinois, ils se concentraient sur leur partition sans être gênés par le départ discret du journaliste français, tandis que Rei, le collégien, était déjà replongé dans son livre.

2

Le quatuor sino-japonais, fraîchement constitué, n'avait pas de nom. Il était fondé sur le seul principe du plaisir musical partagé, au-delà de toute autre considération, oubliant tout ce qui était en dehors de la musique schubertienne, à l'écart du reste du monde, à l'écoute de lui-même et des autres. Chacun de ses membres avançait désormais, pas à pas, dans l'exploration du premier mouvement de *Rosamunde*. L'exécution de cet immense mouvement demandait environ un quart d'heure. Cela faisait presque une demi-heure qu'ils travaillaient ardemment, mais ils n'étaient pas encore au bout de leur peine, loin de là. Ils avaient fini de jouer la reprise. Pour autant, ils ne se sentirent pas prêts à attaquer la *seconda volta* pour aller au-delà. Yanfen proposa de reprendre dès le début et de s'arrêter chaque fois qu'on avait le sentiment que ça n'allait pas.

— Qu'est-ce que vous en pensez ?

Au son de la voix féminine, Rei, toujours

plongé dans son livre, releva la tête pour regarder la jeune femme. Il se demandait pourquoi et comment elle pouvait s'exprimer aussi *fluidement*, sans le moindre accent, comme une vraie Japonaise. Elle parlait avec un tel naturel, avec une telle grâce qu'elle suscita en lui un étonnement mêlé d'admiration.

— J'aimerais moi aussi qu'on reprenne le début, dit Kang timidement. Je ne suis pas du tout satisfait de l'exposition que j'assure…

— L'alto et le violoncelle fournissent la base de la construction avec ce rythme particulier, intervint Cheng : « *tâ… takatakata……, tâ… takatakata……, tâ… takatakata……* ». J'ai l'impression qu'on n'est pas tout à fait unis et ensemble avec Kang-san…

Lorsque Cheng se trouvait en situation d'interlocution en japonais avec Kang et Yanfen, il lui arrivait souvent d'ajouter le suffixe *san* à leurs prénoms. Il appréciait la civilité et le sentiment d'égalité amicale que ce suffixe lui semblait traduire.

— Oui, c'est ça, répondit Yanfen. Il faut réussir à réaliser, je crois, une certaine rondeur dans le volume sonore… Si les fondations que nous posons ne sont pas solides, le premier violon ne pourra pas asseoir le thème principal qui est absolument magnifique…

— Vous avez raison, Yanfen-san, fit Yu à son tour.

Il poursuivit lentement comme s'il réfléchissait tout en parlant, tout en faisant venir à ses lèvres les mots qu'il sélectionnait précautionneusement.

— Je crois qu'il faut bien s'entendre sur le tempo à adopter. Schubert a noté : « *Allegro ma non troppo* ». À mon avis, il doit être suffisamment lent pour marquer une certaine gravité, une gravité inhérente à l'œuvre, mais pas trop justement pour ne pas tomber dans un excès de sentimentalisme.

— On a joué trop vite..., murmura Cheng en regardant Yanfen.

— Oui, je crois, répondit Yu.

Puis il continua :

— Le thème que je vais jouer est d'après moi l'expression de la nostalgie pour le monde d'autrefois qui se confond avec l'enfance peut-être, un monde en tout cas paisible et serein, plus harmonieux que celui d'aujourd'hui dans sa laideur et sa violence. En revanche, j'entends le motif présenté par l'alto et le violoncelle « *tâ... takatakata......, tâ... takatakata......* » comme la présence obstinée de la menace prête à envahir la vie apparemment sans trouble. La mélodie introduite par Kang-san traduit l'angoissante tristesse qui gît au fond de notre cœur...

— Ah, c'est très bien dit, Mizusawa-san ! s'exclama Kang.

Le jeune Chinois estimait que l'expression utilisée par Yu traduisait parfaitement le sentiment qui l'habitait quant au motif initial qu'il était chargé d'esquisser. « Angoissante tristesse » ne laissait pas non plus Yanfen indifférente : une mélodie lui était revenue, celle, obsédante, de l'extraordinaire accompagnement par le piano dans *Le Roi des aulnes.* Mais elle s'abstint de le dire.

— On recommence ? proposa Cheng.

Les quatre musiciens s'apprêtèrent à attaquer de nouveau le début du premier mouvement. Après un long silence de plusieurs secondes, Kang donna enfin le signal du départ par un très discret hochement de tête. Soutenu par les petites secousses rythmiques inquiétantes plus lentement exécutées par l'alto et le violoncelle, dessiné par la ligne médiane souple et fluide du second violon, le paysage sonore schubertien apparaissait cette fois nettement plus marqué d'une indicible tristesse.

« *Do-mi-do-si-do-mi-la-mi, do-mi-do-si-do-mi-la-mi* »

C'est alors que Yu se glissa tout doucement dans la musique et se posa sur le soubassement sonore installé en *pianissimo*, mais solidement, par les trois instruments : il exposait souverainement le premier thème d'une beauté frémissante.

« *Mi~~~do~la~~, do~si~~~~ré-do-si-do-si-la~~do~si~~~-sol# ~do~~~la~ré~~ré#~~mi~~~* »

Yu jouait les yeux fermés comme si la concentration intérieure détachée de tout l'univers environnant l'aidait à pénétrer le plus profondément possible dans la matière sonore. Lorsqu'il eut fini d'exposer le thème, il rouvrit les yeux et proposa à ses coéquipiers, d'un air souriant, de maintenir l'élan et de poursuivre.

Ainsi le quatuor interpréta tout le début du premier mouvement d'une traite et au moment où il entamait la *seconda volta*, les quatre musiciens s'arrêtèrent naturellement comme s'ils s'étaient mis d'accord préalablement.

— Il me semble que c'était beaucoup mieux..., dit timidement Kang.

— Oui, c'était très bien, je crois. Je tire un réel plaisir de ma participation à l'œuvre commune ! fit Yanfen, enthousiaste, le visage légèrement rouge.

— Je n'ai pas très bien réussi le thème modulé en majeur, dit Yu en se grattant la tête avec la main droite libérée de l'archet.

— Si, si, ce n'était pas mal, Mizusawa-san, s'empressa de dire Kang.

— C'est un moment confondant de beauté ! Et je n'étais pas à la hauteur, je crois...

— C'est vrai qu'il est magnifique, ce changement de tonalité ! s'écria Cheng. C'est comme si le paysage s'éclairait subitement et momentanément...

Le quatuor sino-japonais continua ainsi encore une heure environ jusqu'à ce qu'il ait fini d'interpréter vaille que vaille l'intégralité du premier mouvement. Lorsque le premier violon reprit le grand thème mélancolique pour parcourir les vingt dernières mesures, chacun des quatre membres du quatuor sentait en son for intérieur qu'ils gravissaient ensemble un chemin montant vers un sommet vertigineux. Passant du *fortissimo* au *pianissimo*, puis de nouveau au *fortissimo*, les deux violons parachevaient leur tableau de la solitude mélancolique, tandis que l'alto et le violoncelle assuraient de concert une basse énergique, toujours menaçante et graduellement montante. Enfin, lorsqu'ils tombèrent sur les derniers accords en *la* mineur, il y eut un long moment de silence suivi d'un soupir de soulagement et d'un sourire de satisfaction.

— Ouf ! s'écria Yu. On a titubé un peu sur le chemin, mais c'est quand même bien qu'on ait pu aller jusqu'au bout.

Un léger sourire s'ébauchait sur son visage. Sur son front sillonné de rides horizontales, des gouttes de sueur perlaient. Il suggéra une pause.

— Volontiers, répondirent en même temps Cheng et Kang.

— On se fait un thé ?... Je vais faire chauffer l'eau, annonça Yu.

Ils allèrent à la remise pour déposer leur instrument.

— Mizusawa-san, je m'en occupe, dit Yanfen d'une voix claire et chantante.

Après avoir remis son instrument dans l'étui, la jeune Chinoise, tenant dans la main une petite boîte de thé que Yu lui avait confiée, se dirigea vers le coin cuisine qui se trouvait du côté opposé à la remise.

3

Lorsque Yanfen revint avec une grande théière blanche, Yu avait mis cinq tasses à thé dépareillées sur un carré de tissu bleu marine qui recouvrait les deux cartons faisant office de pupitre.

— Je n'ai pas beaucoup de sucre. Qui en veut ?

— Moi, répondit gaiement Rei qui venait de refermer son livre.

Yanfen versa le thé dans les tasses. Au milieu de la table improvisée, une assiette avec des biscuits sablés était posée.

— Servez-vous, dit Yu sans cérémonie.

— Mais, tout de même, quelle musique incroyable ! déclara Kang.

— Oui, vraiment, acquiesça Cheng qui prenait un sablé en disant : « *Itadakimasu**. »

— La solitude du poète Schubert qui sombre dans une mélancolie abyssale face à la violence

* C'est l'expression utilisée avant de commencer un repas. Elle signifie littéralement : « Je reçois humblement ce que vous m'offrez. »

du monde en folie, c'est quelque chose... Je fais mienne, comme Kang, la formule de Mizusawa-san qui me va droit au cœur, affirma Yanfen.

Celle-ci poursuivit son propos, en ajoutant que la tristesse de la mélodie, chantant au-dessus ou à côté de la sourde inquiétude exprimée par la basse, était sans doute un des traits caractéristiques de l'écriture de Schubert qu'elle retrouvait assez fréquemment dans ses dernières sonates pour piano.

— Yanfen-san, vous jouez aussi du piano ? demanda Yu.

— Oui, j'en faisais régulièrement en Chine. Mais plus maintenant. Je n'ai pas de piano à Tokyo.

— La mélancolie est un mode de résistance, déclara Yu. Comment rester lucide dans un monde où l'on a perdu la raison et qui se laisse entraîner par le démon de la dépossession individuelle ? Schubert est avec nous, ici et maintenant. Il est notre contemporain. C'est ce que je ressens profondément.

Rei était déjà retourné sur son banc après avoir mangé deux ou trois sablés qu'il avait trempés dans son thé. Il était de nouveau dans son livre qu'il avait manifestement fini de lire ; il revenait sur certains passages et les relisait avec une attention redoublée. Mais il relevait la tête chaque fois que son père prenait la parole, pour prêter une attention croissante à ce qu'il avançait sans pour autant pouvoir saisir suffisamment la signification de ces mots d'adulte.

— En tout cas, continua Yu avec conviction, je crois que ça a du sens… qu'aujourd'hui, en 1938, dans un coin de Tokyo, un quatuor sino-japonais joue *Rosamunde* de Schubert…, alors que le pays entier tombé dans ses obsessions bellicistes semble être dévoré par le cancer nationaliste divisant les individus entre un *nous* et un *eux*…

— Mais, vous parlez trop fort, Mizusawa-san, murmura Kang.

— Excusez-moi.

— Quelqu'un veut-il un autre thé ? demanda Yanfen.

Cheng lui tendit sa tasse.

— Et Mizusawa-san ?

— Non, merci. Ça ira comme ça.

Yanfen s'adressa alors à l'enfant qui feuilletait les pages de son livre.

— Tu veux un peu plus de thé, Rei-kun ?

— Oui, s'il vous plaît.

L'enfant fit trois grands pas pour venir auprès de Yanfen qui remplit sa tasse.

— Méfie-toi, c'est très chaud.

Yanfen, souriante, donna un sablé à Rei qui la remercia timidement en retournant sur le banc sa tasse à la main, marchant à pas mesurés pour ne pas faire déborder le thé.

— J'ai une question à vous poser, à vous trois, dit Yu de but en blanc, une question qui n'a rien à voir avec la musique.

Les trois Chinois se regardèrent, intrigués par le ton quelque peu cérémonieux que leur ami japonais adopta subitement.

— Pourquoi avez-vous décidé de rester au Japon, alors que la plupart des étudiants chinois en séjour d'études sont rentrés dans leur pays l'année dernière après le déclenchement de la guerre qui oppose désormais nos deux pays ? C'est très courageux de votre part…

Cheng prit la parole spontanément :

— Il est vrai que beaucoup de Chinois sont repartis en Chine depuis l'année dernière. C'est une baisse assez spectaculaire, je crois. Mais il y en a qui arrivent aussi malgré la guerre. Pas beaucoup, mais il y en a. Le Centre culturel nippo-chinois continue son boulot…

— Tu ne réponds pas exactement à la question de Mizusawa-san, intervint Yanfen. Pourquoi restes-tu à Tokyo malgré certaines difficultés indéniables, certains dangers même dans le contexte actuel de la guerre, c'est ça la question de Mizusawa-san.

La construction impeccable de la phrase japonaise prononcée par Yanfen avec une clarté admirable comme celle d'une speakerine de radio éveilla de nouveau la curiosité de Rei. Il releva la tête, scruta les adultes qui s'engageaient dans une conversation ne tournant plus autour de la musique de Schubert.

— Ça fait déjà quatre ans que je vis à Tokyo. Officiellement, je suis encore étudiant, mais j'ai une vie qui commence à s'enraciner ici. J'ai des amis comme vous auxquels je suis très attaché. Puis j'ai une amie japonaise avec qui j'envisage un avenir commun…

Cheng devint tout rouge comme après une rasade de bière qui le mettait systématiquement dans un état d'ivresse soporifique.

— C'est vrai, dit à son tour Kang d'une voix timide, que les deux pays sont entrés en guerre ouvertement depuis l'incident du pont Marco-Polo. Mais je ne m'identifie pas totalement avec la Chine. Je suis chinois, je parle chinois, mais je me considère avant tout comme un individu libre de ses appartenances. Je m'efforce de me persuader que je suis d'abord un être humain avant d'être un Chinois. De la même manière, je n'assimile pas non plus mes amis japonais à leur pays. J'aimerais croire à un lien d'amitié qui va au-delà des antagonismes nationaux…

Les mots posément prononcés par Kang dans un japonais un peu hésitant et coloré d'un accent particulier suscitèrent une réaction de la part de Yanfen. Rei, assis sur le banc avec son livre sur ses genoux, se leva alors doucement ; il s'approcha de Yu et, debout derrière lui, il posa sa main droite, son livre serré contre sa poitrine, sur l'épaule gauche de son père.

— Je raisonne comme Kang moi aussi et certainement comme vous, Mizusawa-san. Je le dis en toute sincérité puisque ça restera entre nous.

Yanfen baissa le ton de sa voix.

— Franchement, je suis indignée contre l'expansionnisme colonial de l'Empire japonais, mais je ne confonds pas pour autant les individus et l'État qui les incorpore. Dans le monde d'aujourd'hui, nous sommes inévitablement soumis à l'État. Chacun devrait pourtant se définir d'abord et avant tout comme un individu au-dessus de toute appartenance. Je suis certes chinoise, je parle chinois, mais je ne voudrais pas qu'on me réduise à cela... Mon individualité est tout de même autre chose que ce qui est défini par le hasard de ma naissance.

Absorbé par les propos de ses amis, Yu avait oublié son thé. Lorsqu'il vida sa tasse d'une traite, le thé était froid. En reposant sa tasse, il s'adressa à tous les trois, en caressant la main de son fils qu'il sentait sur son épaule.

— Je suis profondément touché par ce que vous dites. Je préfère avoir des amis comme vous dans un *pays ennemi* plutôt que d'avoir une patrie détestable et des compatriotes rampants qui ne jurent que par leur appartenance à cette patrie. Je serai avec vous, je resterai avec vous, même si l'on m'accuse d'être un « mauvais sujet japonais », un « traître de la nation », un *hikokumin.*

Le dernier mot que son père venait de prononcer, *hikokumin,* frappa vivement Rei qui ne put s'empêcher de dire à son père :

— Papa, je connais ce mot. Je l'ai lu dans mon livre. C'est le mot que la bande de Kurokawa utilise pour tabasser Kitami-kun !

— Tu as raison, Rei, répondit Yu en se tournant vers son fils. C'est le mot magique que les puissants de ce pays emploient souvent pour écraser ceux qui ne leur obéissent pas. Ils croient occuper le centre du monde et que *tout tourne autour d'eux* comme les gens influents que

Copernic, justement, a critiqués en son temps. C'est un vilain mot qui déshonore celui qui le prononce et non celui à qui il est adressé ! Tu es d'accord avec moi : Kitami-kun a raison de dire « non » à Kurokawa et à toute sa bande qui lui ordonnent de *se soumettre à eux parce que étant plus âgés, ils ont raison et plus d'autorité.* C'est un ordre absurde puisqu'il n'est pas fondé sur le souci de distinguer le juste de l'injuste. Ceux qui sont plus âgés ne peuvent pas avoir raison parce qu'ils sont plus âgés ! Ils ne savent pas combien ils s'avilissent par l'usage de ce mot horrible.

Les amis chinois, ébahis, écoutaient en silence Yu Mizusawa en train de parler à son fils.

— Eh bien, il est peut-être temps de retrouver notre cher Schubert…, dit Yu en jetant un coup d'œil sur sa montre. Un sourire lumineux se dessinait sur son visage.

Tout fut rangé en quelques minutes. Yu remit les deux cartons à leur place. Chacun alla chercher son instrument à la remise. Lorsque les musiciens reformèrent le demi-cercle, Rei, de son côté, s'était rassis au même endroit : déjà replongé dans son livre, il cherchait justement la page où il était question du mot *hikokumin.*

— Qu'est-ce qu'on fait, Mizusawa-san ? demanda Kang. On passe au deuxième mouvement ? Ou on reste encore sur le premier ?

— Euh, qu'est-ce que vous en pensez ? Vous voulez qu'on attaque l'*Andante* ?

— Peut-être qu'on peut passer au deuxième mouvement, proposa Yanfen, quitte à revenir après à l'*Allegro ma non troppo.* Quel est ton avis, Cheng ?

— Oui, personnellement, je suis impatient de voir ce que ça donne avec l'*Andante.* Mais Mizusawa-san souhaiterait peut-être qu'on s'attarde encore un peu sur le premier mouvement…

— On est encore loin d'en avoir fini avec l'*Allegro ma non troppo,* mais je suis d'accord pour commencer à explorer le deuxième mouvement !

Après un long moment d'hésitation qui intrigua les trois autres membres du quatuor, Yu reprit sur un ton qui n'était pas tout à fait le même. Sa main gauche dressait son violon sur ses genoux, tandis que sa main droite ballante tenait son archet touchant presque le plancher.

— Je passe du coq à l'âne… J'ai une proposition à vous faire…

Rei, sensible à l'infléchissement lilliputien de la voix paternelle, braqua son regard sur son père.

— Nous formons un quatuor. Nous jouons du Schubert ensemble. Nous sommes aussi petits les uns que les autres devant cette œuvre immense…

Le collégien ferma son livre. Il ne bougeait pas ; il ne quittait pas son père des yeux.

— … mais il y a une sorte d'asymétrie qui n'est pas très heureuse à mon avis. Je parle de notre manière d'être ensemble… Vous m'appelez tous les trois Mizusawa-san avec mon nom de famille, tandis que je vous appelle par votre prénom. Pourquoi ne pas m'appeler Yu-san ?

— N'est-il pas difficile, voire impossible en japonais d'appeler quelqu'un par son prénom ? demanda Kang en posant délicatement son violon et son archet par terre.

— Ça, c'est vrai. Ça ne se fait pas normalement. Ou ça se fait sous certaines conditions, dans certaines situations que je ne saurais d'ailleurs bien expliquer... Mais c'est ce que je fais avec vous ! On pourrait même envisager de s'appeler purement et simplement par notre prénom sans y ajouter *san*, comme dans les langues européennes... Est-ce trop radical ?

— Vous voulez qu'il règne entre nous une grande liberté et une parfaite égalité, propices à libérer nos paroles ? s'adressa Yanfen à Yu.

— Exactement. Qu'on se définisse chacun symétriquement par rapport à la langue qui nous est commune ! Nous devrions être égaux devant la langue et dans la langue...

Un silence s'installa. Ce fut Yanfen qui le brisa. Elle avait posé son instrument et son archet sur ses genoux joints que sa robe dissimulait complètement.

— Puisque Mizusawa-san... non Yu-san... non... Puisque Yu insiste, essayons d'instaurer un nouvel espace, une nouvelle manière d'être entre nous, par l'usage systématique de nos prénoms respectifs ! Je crois que les natifs peuvent difficilement transformer leur langue puisqu'ils sont enfermés dedans… Ce sont plutôt les étrangers qui peuvent apporter des changements !

— Merci, Yanfen…

Yu faillit dire « Yanfen-san », mais il se retint d'aller jusqu'au bout de l'automatisme ancré : les deux syllabes du prénom Yanfen ne furent suivies que d'un vide sonore qui créa l'effet saisissant d'un retranchement brutal.

L'enfant, qui suivait attentivement la conversation des adultes, fut stupéfait par l'étrange effet produit par son père et la jeune Chinoise s'appelant par leurs prénoms respectifs.

Yu, poussé par l'audace inattendue de Yanfen, poursuivit :

— Vous savez, j'apprends le français avec Philippe que vous avez salué tout à l'heure… Il m'a dit un jour quelque chose qui m'a frappé et qui m'a fait réfléchir… C'est qu'en français on utilise *les mêmes mots* avec n'importe quel interlocuteur… Les mots sont les mêmes pour parler à un garçon de café, à un chauffeur de taxi, à un médecin, à un professeur, et même à un ministre…

— Oh là, ça devient compliqué ! dit Cheng sur un ton espiègle.

— Oui, je trouve que ce n'est pas évident… J'essaie donc de formuler à ma façon ce que je crois saisir… Je pense que, pour Philippe, la langue, en l'occurrence le français, est un bien commun que ses usagers partagent équitablement. Les relations sociales de supériorité et d'infériorité ne sont pas encastrées dans la langue… comme dans le cas du japonais.

— Je crois mieux comprendre, répondit Cheng en gardant son violoncelle serré entre les jambes comme si l'homme et l'instrument s'enlaçaient en dansant.

— Le partage par tous de la langue comme bien commun, déclara Yanfen, ça facilite nécessairement les relations sociales horizontales qui tendent à restreindre la possibilité de la domination des uns sur les autres…

— Exactement, dit Yu en se tournant vers Yanfen. C'est une bonne chose, non ?

— Surtout de nos jours, me semble-t-il, répondit la Chinoise en adressant à Yu un sourire timide.

— Imaginez une situation dans laquelle je parle avec un homme important, socialement supérieur, un ministre par exemple, justement… Je voudrais évoquer son père : eh bien, je ne peux pas nommer son père en français autrement que par « votre père ». C'est pareil pour ce ministre, s'il veut parler de mon père……

— Il ne peut pas nommer votre père autrement que par « votre père » comme en chinois d'ailleurs…, ajouta Cheng.

— … alors qu'en japonais, s'exprima Kang à son tour, on doit nécessairement choisir un mot adapté à sa *position* vis-à-vis de son interlocuteur…

— Oui, c'est ça, exactement ça, approuva Yu.

— De même qu'en japonais on ne peut pas utiliser le pronom personnel « vous » d'une manière universelle, remarqua Yanfen. C'est du reste une source de frustration pour moi... J'ai toujours envie d'employer le « vous » avec quelqu'un qui est en face de moi... Mais je sais que ce n'est pas possible...

— Ah oui, soupira Cheng en ébauchant un sourire triste, l'impossibilité de dire « vous » à quelqu'un avec qui vous parlez...

— ...

Après un moment de silence qui réunit les quatre membres du quatuor dans un recueillement méditatif, Yu proposa d'attaquer le deuxième mouvement.

Sans attendre la réponse des autres, Yu remit son violon sous son menton.

Rei, son livre fermé sur les genoux, observait les adultes. Il avait suivi, avec une attention soutenue, toute la conversation de son père et de ses amis musiciens.

— Oui, on y va, répondirent en même temps Kang et Cheng.

— L'*Andante* est aussi mélancolique que l'*Allegro ma non troppo*, fit Yanfen. Nous poursuivons donc notre acte de résistance... n'est-ce pas, Yu ?

Rei fut surpris d'entendre de nouveau le prénom de son père faire irruption et vit s'ébaucher un sourire gracieux sur le visage légèrement fardé de Yanfen.

Les musiciens se mirent en position. Chacun, retenant son souffle, était prêt à démarrer. Un silence absolu était tombé au milieu d'eux et se prolongeait. Rei, immobile comme une carpe au fond d'un bassin en hiver, ne les quittait pas des yeux. Enfin, Yu signala le départ avec un léger mouvement de tête qu'il amorça en respirant à peine.

Une mélodie simple, touchante, lancinante, transparente comme un ruisseau de larmes, commença à couler sur les cordes du premier violon.

Le collégien, comme pétrifié d'étonnement ou d'admiration, était tout ouïe et sentait monter en lui, progressivement, jusque derrière les oreilles, un frissonnement d'émotion mêlé d'une effusion de chaleur. Les quatre instrumentistes, se lançant de temps à autre un regard de connivence, souriaient comme des enfants sculptés de Carpeaux. Le premier violon continuait à tracer délicatement une ligne mélodique d'une suavité tout intérieure, tandis que les trois autres instruments la soutenaient comme un socle solide qui porte une grande déesse en céramique fragile.

Brusquement, la musique de Schubert fut déchirée par l'irruption de voix d'hommes qui articulaient bruyamment des mots inintelligibles, et par des pas de bottes qui arrivaient violemment et montaient massivement à l'étage.

D'instinct, Yu se leva, accourut vers son fils, le violon et l'archet dans la main gauche. Il prit son bras gauche et lui demanda de se cacher immédiatement dans la grande armoire. Rei s'y précipita.

— Ne bouge pas de là jusqu'à ce que je revienne ! D'accord ?

— Ah, Coper ! cria Rei.

Yu se retourna, empoigna le livre resté sur le banc et le donna à son fils déjà installé dans l'armoire dont il referma la porte séance tenante. D'un bond, il alla dans la remise, posa son violon et son archet dans l'étui, et en sortit aussitôt. Debout, appuyé contre le mur, il respira profondément.

Les trois musiciens chinois, éberlués, le regardaient sans mot dire. Il les regarda à son tour et leur sourit.

4

Rei, dans le noir, se demandait ce qui se passait, ce qui allait se passer. Pourquoi devait-il rester là, seul, dans cette cachette obscure ? Jusqu'à quand ? Il avait beau se poser ces questions, aucune réponse ne se profilait…

Très vite, il entendit de l'agitation. Il ôta, pour ne pas faire de bruit inutile, ses chaussures qu'il mit sous ses genoux repliés. Le trou de la serrure brillait comme un astre dans le ciel noir. Son œil droit s'en approcha doucement. Il s'arrêta net à 2 centimètres de l'astre. Celui-ci projetait sur l'iris un point lumineux qui ressemblait à une planète en orbite autour de lui.

Les paupières clignèrent deux fois.

5

Au moment même où Yu, ayant déposé son instrument dans la remise, allait rejoindre les autres membres du quatuor, la porte d'entrée de la grande salle de réunion s'ouvrit brutalement. Cinq soldats en uniforme kaki, portant un képi de la même couleur, entrèrent avec fracas. Le plus petit, homme trapu et velu, mains croisées dans le dos, l'air hautain, se mit aussitôt à inspecter les lieux de long en large, tandis que les autres soldats, droits comme des i, se tenaient, un fusil entre les mains, face à Yu revenu entre-temps à côté de ses trois amis chinois, serrant chacun leur instrument contre leur corps. Le militaire velu ouvrit la porte de la remise qu'il referma après un rapide coup d'œil sur les objets dispersés ; il passa à côté du banc ; il avança vers l'armoire massive qu'il scruta longuement comme s'il n'avait jamais vu un meuble de cette nature. Le garçon, caché dedans, n'osait plus regarder par le trou de la serrure. Tremblant de peur, il avait l'impression d'entendre à travers la porte le frottement de l'uniforme du soldat, et même sa respiration qui s'exhalait bruyamment à un rythme précipité comme celle d'un homme fou de rage. Le militaire revint lentement vers les musiciens surveillés par ses subalternes. Il brisa le silence en toisant Yu de la tête aux pieds.

— Qu'est-ce que vous faites là ? dit-il sur un ton autoritaire et impertinent.

— On fait de la musique, répondit immédiatement Yu. On répétait.

— Avec les rideaux noirs tirés ?

— C'est pour mieux se concentrer. C'est plus calme aussi…

— Et quel genre de musique répétiez-vous ?

— Le quatuor à cordes en *la* mineur opus 29 de Franz Schubert, appelé communément « Rosamunde ».

— Ce n'est pas de chez nous, ça.

— Et vous aussi, vous faisiez la même chose ? demanda le militaire à Yanfen, en se mettant en face d'elle. Il la regardait droit dans les yeux.

Rei ne pouvait pas bien distinguer les mots prononcés par les uns et les autres. Il reconnaissait la voix de son père, mais il comprenait mal ce qu'il disait. Le flot de paroles s'interrompit. Après cinq ou six secondes qu'il trouva très longues, il entendit de nouveau la voix chaude de son père qui, étrangement, lui semblait inhabituellement tendue.

— Oui, c'est ma femme… Aïko. Elle joue de l'alto.

En l'espace d'un dixième de seconde, Yanfen jeta un regard fuyant sur Yu.

— Oui, autour de mon mari qui est le premier violon, intervint Yanfen avec une souveraine assurance, nous répétons le quatuor de Schubert depuis plusieurs semaines.

— Dis donc, tu as une femme drôlement jeune ! fit le trapu d'un ton moqueur.

Un rire niais et sarcastique se dessina alors sur le visage des soldats alignés, jusque-là silencieux et impassibles.

— Et les deux autres... ces messieurs ? continua le militaire, dédaigneux.

— Ils sont tous les deux, s'empressa d'expliquer Yu, en balbutiant un peu, ils sont, ils sont... tous les deux étudiants boursiers du Centre d'études sino-japonaises. Ce sont des amis. Ils font de la musique avec nous pour se détendre...

— Tu fréquentes les Chinetoques ! Tu joues de la musique des *poilus blancs*, des étrangers douteux ! Des pays ennemis ! Tu multiplies les fautes graves !

— Monsieur, soyez poli, s'il vous plaît, à l'égard de nos amis invités. Retirez le mot odieux que vous venez de prononcer ! Puis Schubert est autrichien. Or l'Autriche a été malheureusement annexée par l'Allemagne nazie. Par conséquent, la musique de Schubert n'est pas une musique ennemie, je vous le fais remarquer..., monsieur.

Le soldat velu se rapprocha de Yu. Il était tout rouge. Une fureur sourde empourprait son visage qui était presque à 10 centimètres de celui de Yu.

— Nous sommes en guerre contre les Chinetoques. Est-ce le moment de musiquer nonchalamment avec tes *invités* ?

Le militaire, prononçant le mot « invités », y mettait tout son énervement haineux.

— Le grand chef d'orchestre polonais Joseph Rosenstock est venu s'installer au Japon l'année dernière pour s'occuper du Nouvel Orchestre symphonique… On joue de la musique européenne au Japon…, monsieur. La musique traverse les frontières, c'est le patrimoine de l'humanité…

— Tu n'es pas un rouge, par hasard !? Il n'y a que les communistes qui parlent comme toi !

Une rage folle, destructrice, s'empara de l'homme en uniforme à tel point qu'il en tremblait de tout son corps.

Les mots de son père parvenaient jusque dans le noir de l'armoire, résonnant faiblement comme les mots d'adieu qu'un voyageur s'efforce de communiquer à sa bien-aimée à travers la vitre au moment où le train s'apprête à démarrer. Rei ne voulait rien manquer de ce qui venait de son père, mais son attention était fortement perturbée par une voix déchaînée, fulminante, qui lui semblait semer la terreur dans toute la salle.

— Non, monsieur, je ne suis pas communiste. Je vous dis simplement ce que la raison me dicte…

— C'est la raison qui te dicte ? Pouah ! Un intello bardé de diplômes !

Le trapu, exaspéré, lui cracha à la figure. Yu s'essuya le visage avec la manche de sa veste.

— Est-ce vraiment pour la musique que vous êtes là tous les quatre ? Ce n'est pas pour autre chose ? La musique n'est-elle pas un moyen de camouflage ? Toi, tu n'as pas d'instrument, à ce que je vois.

— Monsieur, si vous voulez, je peux vous montrer mon violon. Je l'ai laissé dans le cagibi, là-bas. Vous permettez que j'aille le chercher ?

Sans l'aval du militaire furibond, Yu amorça son déplacement.

Rei entendit des pas. Personne ne parlait, manifestement.

Lorsque Yu ouvrit la porte de la remise, les soldats, tournés vers lui, se mirent aussitôt en position d'attaque. Il disparut, puis réapparut dans l'embrasure de la porte avec son violon. Il revint vers le militaire.

— Voici mon violon, monsieur.

Yu tendit son instrument à l'homme furieux. Celui-ci le prit dans les mains, l'examina comme s'il découvrait et touchait un instrument à cordes pour la première fois de sa vie.

— Tu t'appelles comment, monsieur l'ami des Chinetoques ?

Les yeux du militaire brasillaient de haine.

— Mizusawa.

Rei crut entendre son nom de famille prononcé par son père. Il voulut voir ce qui se passait. La petite planète se rapprocha à nouveau de l'astre.

— Tu manques de respect, Mizusawa ! Respect à l'égard des soldats de Sa Majesté impériale !

En prononçant « Sa Majesté impériale », le trapu se mit au garde-à-vous deux ou trois secondes comme s'il se trouvait réellement devant l'autorité souveraine.

— Tu mérites une leçon !

Avant qu'il ne finît de prononcer « leçon », il asséna un solide coup de poing sur le visage de Yu. Celui-ci tomba. Mais il se releva. Dans l'instant même, le militaire lui en donna un second plus musclé que le premier. Yu s'effondra de nouveau. Yanfen se baissa alors instinctivement pour s'accrocher à lui tout en posant sur le plancher son alto et son archet. Elle lui prit le bras et braqua son regard luisant de colère sur le bourreur de coups.

— C'est mon boulot de redresser des *hikokumins* comme toi !

Emporté par la haine féroce, il balança le violon par terre de toutes ses forces et l'écrasa de ses lourdes bottes de cuir. L'instrument à cordes, brisé, aplati, réduit en morceaux, poussa d'étranges cris d'agonie qu'aucun animal mourant n'eût émis dans la forêt des chasseurs impitoyables.

Rei avait assisté, par le trou de la serrure, à toute cette scène insoutenable sans pouvoir suffisamment saisir les échanges entre son père et le militaire. Il était retourné par la violence que son père subissait. Pétrifié de peur, recroquevillé sur lui-même, dévasté par son impuissance d'enfant, il se morfondait dans l'obscurité de sa cachette. Seuls vibraient au fond de son conduit auditif la monstruosité hideuse du mot *hikokumin* et les sons évanescents, plaintifs et dissonants du violon mourant de son père.

6

Quelqu'un venait d'arriver. Rei, tenant son livre entre les mains, tendit l'oreille. Un bruit confus de pas et de paroles. Du magma sonore se détacha tout à coup la voix forte du militaire sauvage : « Mon lieutenant ! »

7

Un militaire de haute stature, svelte, l'air placide et grave, un sabre sur le côté, entra accompagné de plusieurs soldats. Immédiatement, en se tournant vers lui, le militaire trapu et velu ainsi que les quatre autres soldats esquissèrent une révérence.

— Repos ! Il n'y a personne à l'étage, rien d'anormal, rien de suspect. Qu'est-ce qui se passe ici, caporal Tanaka ?

Tanaka – c'est donc le nom du soldat terrible, se dit Rei dans les ténèbres de sa cachette –, gardant sa posture droite, les talons joints, les bras le long du corps, répondit à celui qui venait de faire son apparition :

— Mon lieutenant, j'interrogeais ces individus louches sur ce qu'ils faisaient ici avec les rideaux noirs tirés. Ils prétendent faire de la musique ensemble, mais, personnellement, je suis tenté de croire qu'ils tenaient là une réunion clandestine qu'ils dissimulaient sous l'apparence d'une répétition de musique…

D'un air interrogatif, le lieutenant écoutait le compte rendu de son subalterne, en regardant le violon détruit et jeté par terre. Son regard se porta aussi sur les quatre personnes qui étaient là, debout, se murant dans le silence, manifestement méfiantes, hostiles tout autant qu'effrayées. Le lieutenant remarqua que la jeune femme donnait son bras à celui qui avait le visage tuméfié, les cheveux en bataille, du sang suintant de la bouche. Le lieutenant interrompit Tanaka en désignant du menton l'instrument cassé.

— Pourquoi ce violon bousillé ?

— C'est moi qui l'ai fait, mon lieutenant.

— Pourquoi ?

— Parce que celui-là, répondit le caporal en pointant l'index sur Yu, a tenu des propos irrespectueux à l'égard des soldats de Sa Majesté impériale.

Tanaka, comme quelques minutes auparavant, se mit au garde-à-vous à l'instant précis où il prononça « Sa Majesté impériale ».

— Vous ne savez donc pas, caporal Tanaka, ce que peut coûter un violon, ce qu'il peut contenir d'effort humain…, dit le lieutenant d'une voix posée, un brin désabusée.

— J'ai voulu, mon lieutenant, corriger un malotru, un *hikokumin*, un communiste qui fait de la musique avec des Chinetoques, alors que nous sommes en guerre…

Le mot *hikokumin*, prononcé de nouveau par la voix tonitruante du militaire brutal, parvenant jusqu'à l'oreille de Rei, terrifia le collégien, roulé en boule, cloîtré dans le réduit caverneux et obscur de l'armoire.

Le lieutenant, se retournant vers l'homme blessé, lui demanda poliment le nom de l'œuvre qu'ils répétaient.

— Le quatuor à cordes de Schubert, opus 29, D. 804, monsieur.

— *Rosamunde.*

— Oui, c'est ça. Vous le connaissez ?

— Oui, un peu. C'est une œuvre magnifique !

— Oui, absolument. Nous travaillons cette musique depuis plusieurs semaines. Mon épouse Aïko et nos deux amis chinois, M. Kang Song et M. Cheng Wang.

Le lieutenant s'inclina légèrement en leur adressant un salut militaire. Les deux hommes et Yanfen, qui avait toujours son bras dans celui de Yu, hochèrent la tête discrètement.

— C'est donc votre violon ? demanda le lieutenant, d'un air à la fois peiné et embarrassé.

— Oui… Il est dans un piteux état, le pauvre…

Le lieutenant voyait, à travers la table d'harmonie fendue, l'âme brisée en deux.

— C'est un violon ancien de maître luthier ?

— Ce n'est pas un Stradivarius bien sûr, répondit Yu en ébauchant un rire un peu gêné et ironique, mais c'est un instrument ancien fait par un luthier français qui s'appelle Nicolas François Vuillaume. Il date de 1857. Je ne pense pas que ce soit un violon de très grande valeur. Il ne vaut pas très cher, beaucoup moins en tout cas par rapport aux violons de son grand frère Jean-Baptiste.

— Vous assurez le premier violon, monsieur… ?

— Je m'appelle Mizusawa. Oui, je suis le premier violon.

Rei frissonna dans l'obscurité sépulcrale de l'armoire, en captant son nom de famille prononcé par la voix de baryton de son père.

— Monsieur Mizusawa, pourriez-vous jouer quelque chose pour nous montrer que vous faisiez réellement de la musique ? L'idéal serait que vous nous fassiez le plaisir d'interpréter *Rosamunde* avec votre femme et vos amis, mais, malheureusement, votre violon est dans cet état lamentable à cause d'une fâcheuse incompréhension…

Le lieutenant crut entendre derrière lui d'infimes frottements d'uniformes et d'imperceptibles agitations d'air provoquées par des mouvements respiratoires à peine audibles, tandis qu'on voyait fuser sur le visage du caporal Tanaka, qui venait de se gratter la gorge à deux reprises, des crispations nerveuses et de petits fourmillements de peau.

— Je peux essayer de jouer un morceau de Bach, si M. Song veut bien me prêter son violon…

— Vous accepteriez de lui prêter votre instrument, monsieur Song ? demanda courtoisement le lieutenant.

— Avec plaisir. Il n'est sans doute pas à la

hauteur de votre talent, monsieur Mizusawa, mais je ne peux que m'en réjouir, si vous jouez du Bach sur mon violon.

Kang tendit son instrument à Yu.

— Merci, Kang. Je vais chercher mon archet, si vous permettez.

— Je vous en prie, monsieur Mizusawa.

Yu se dégagea du bras de Yanfen, avec un geste tendre sur l'épaule. Puis il alla à la remise et en revint avec son archet. Il accorda le violon en faisant tourner infinitésimalement les quatre chevilles avec les doigts de la main gauche, tandis que l'archet tenu par la main droite tapotait sur chacune des quatre cordes l'une après l'autre ; il touchait par moments l'ajusteur aussi. Enfin, au bout d'une longue minute, il était prêt. Il ferma les yeux, respira profondément. Puis il rouvrit les yeux.

— Je commence.

Yu envoya à ses amis musiciens un doux sourire attendri et salua le lieutenant d'une légère inclination de tête.

Il posa son archet sur les cordes. Une musique recueillie, calme, sereine, profonde, d'une clarté transparente, s'éleva lentement dans le silence presque religieux que rien ne troublait, que personne n'osait rompre.

8

Se baissant, se relevant, balançant son corps à droite et à gauche, Yu jouait les yeux fermés. Le morceau avait démarré sur un thème sautillant, jovial, épanoui, comme pour accompagner un adolescent de la ville parti en promenade à la campagne, par un matin ensoleillé, poussé par le bonheur d'exister, aiguillonné par la curiosité de découvrir la beauté du paysage environnant. À un moment donné, la musique avait changé de couleur et d'atmosphère, comme si elle traduisait l'inquiétude refoulée de l'adolescent voyant s'amonceler subitement un gros nuage noir dans le ciel, radieux quelques minutes auparavant. Mais ce n'était qu'un assombrissement passager. Peu après, le thème enjoué du début revenait. Combien de fois l'avait-on entendu, déjà, ce motif souriant, pétillant ? On sentait, dans ce retour insistant, dans ce désir de le *broder* indéfiniment, l'inaltérable attachement du compositeur à cette petite mélodie folâtre, comme l'affection inconditionnelle qu'on éprouve pour une chanson simple apprise dans l'enfance, palpitant au fond de soi de façon ininterrompue comme une source d'eau intarissable, prête à rejaillir à tout moment de l'âge tendre à la vieillesse avancée. Mais il fallait que la balade prît fin. La musique se ralentit brusquement. Le corps du violoniste, oscillant de droite à gauche, de gauche à droite, s'inclina tout à coup comme s'il lui fallait concentrer toute son énergie sur la définition de la dernière apparition du thème jusque-là façonné de plusieurs manières subtilement différenciées. Le morceau avait duré à peine trois minutes. Trois minutes pendant lesquelles les notes de musique s'égrenaient comme une enfilade de gouttes d'eau argentées sur une feuille de bambou après une forte averse. Lorsque l'archet se détacha des cordes, la dernière note fut suivie d'un long silence.

Yu rouvrit les yeux et regarda ses amis. Quelques timides applaudissements se firent entendre, vite réprimés. Le lieutenant, qui avait écouté la musique d'un bout à l'autre, les yeux fermés, la tête baissée, les mains prises l'une dans l'autre derrière les hanches, regarda le violoniste.

— *Partita n° 3 en mi majeur* de Jean-Sébastien Bach, la *Gavotte en rondeau,* dit le lieutenant, d'une voix tremblante.

— Si j'avais su, je me serais préparé… Là, j'ai un peu le sentiment d'avoir abîmé ce chef-d'œuvre…

— Non, monsieur Mizusawa, vous avez magnifiquement joué.

Yu crut voir, dans les yeux du militaire debout juste au-dessous de la lumière blafarde du néon, la trace discrète d'un débordement lacrymal.

— Vous êtes un musicien professionnel ? poursuivit le lieutenant.

— Non, je suis professeur d'anglais. Je fais du violon simplement en amateur. J'aime la musique. Je considère que la musique, même si elle est issue d'une autre civilisation, d'un pays avec lequel on est en guerre, fait partie du patrimoine de l'humanité…

— Le *Rosamunde* et la *Gavotte* vont vivre plus longtemps que nous, c'est certain. En tout cas, merci beaucoup, monsieur Mizusawa, d'avoir joué pour nous. Je crois qu'il est maintenant clair que M. Mizusawa et ses amis faisaient de la musique ensemble ici. Le soupçon est levé, n'est-ce pas, caporal Tanaka ?

Le militaire interrogé ne répondit pas, dressé comme un cierge depuis l'apparition du lieutenant, regardant dans le vide, tremblant d'énervements étouffés.

9

C'est alors qu'un soldat entra précipitamment dans la salle et s'adressa au lieutenant.

— Mon lieutenant, je suis chargé de vous transmettre un ordre du Quartier général.

— Oui, quel est cet ordre ?

— Tous les suspects interrogés doivent être emmenés sans exception au Quartier général, mon lieutenant…

— Toutes les personnes interrogées ?

— Oui, mon lieutenant.

— Sans exception ?

— Oui, mon lieutenant.

Le visage du caporal Tanaka se distendit un quart de seconde. Le militaire trapu, que son supérieur n'osait regarder, jubilait en son for intérieur sans engendrer la moindre turbulence dans l'ordre apparent des choses. Chacun, cependant, entendait nettement le tapage silencieux de son ricanement sardonique.

— Vous avez entendu, monsieur Mizusawa, dit à voix basse le lieutenant, en se rapprochant de Yu, je suis obligé de vous faire conduire au QG. Votre femme et vos amis aussi. J'espère que vous serez relâchés rapidement.

— Caporal ! cria le lieutenant.

— Oui, mon lieutenant.

Tanaka, en redressant son corps, portait son regard sur le képi de son supérieur.

— Je vous charge de les emmener au QG. Allez-y.

— Oui, mon…

Avant que le caporal ne finisse sa réponse, Yanfen intervint froidement en reprenant son instrument qu'elle avait posé par terre lorsque Yu avait été frappé par le militaire violent.

— Accordez-nous, s'il vous plaît, monsieur, le temps de ranger notre instrument.

— Bien sûr, madame. Je vous en prie, allez-y.

Yanfen et les deux autres musiciens allèrent sans dire un mot à la remise et y laissèrent leur instrument. Dès qu'ils en furent sortis, le caporal Tanaka ordonna à ses hommes d'escorter *le couple suspect et les Chinetoques.* En quelques secondes, la salle devint vide. Seul le lieutenant resta, entouré d'un silence soudain, troublé seulement par le bruit des pas qui s'éloignaient.

10

Il posa son regard sur le violon mutilé. Il s'accroupit. Il le prit délicatement dans ses mains, ce corps souffrant avec les quatre cordes distendues dessinant des courbes tourmentées comme celles des tuyaux et des fils de raccordement électrique couvrant le visage d'un accidenté grave ou d'une victime d'un bombardement aveugle. Il se demanda ce qu'il devait en faire. Il remarqua qu'il y avait, au fond de la salle, à côté du banc à dossier, une armoire à l'européenne dont la massivité silencieuse l'incita à se demander pourquoi et comment elle avait atterri dans cette salle d'un obscur centre culturel municipal. Il s'avança vers elle. Il arrêta ses pas devant le meuble dont la hauteur était sensiblement inférieure à sa taille élancée. Il mit alors, avec tout le soin qu'il faut, le violon sur le banc à dossier à gauche de l'armoire, comme s'il déposait un bébé endormi tout doucement et précautionneusement dans un couffin. Puis, il ouvrit lentement – comme s'il le faisait en s'excusant de son geste indiscret – la porte dont le rebord supérieur dépassait à peine la hauteur de sa poitrine. La lumière pénétra dans l'armoire, divisa son espace intérieur à parts inégales en zone d'ombre et en zone de clarté en introduisant une ligne de fracture oblique. Les pieds d'un enfant couverts de chaussettes vertes entrèrent dans son champ de vision. Il fut frappé de stupeur par la soudaine apparition de la peau blanche des petites jambes nues jusqu'aux genoux. Une main d'enfant, tremblotante, s'empara alors timidement d'un livre juste à côté de ses pieds. Le lieutenant eut à peine le temps d'en lire le titre : *Dites-moi comment vous allez vivre.* Il se baissa lentement, très lentement comme s'il hésitait... Ses yeux, brillant comme ceux d'une chatte qui guette dans les ténèbres, rencontrèrent ceux d'un garçon, blême de peur. Il lui sourit, ne voulant pas l'effrayer. Puis il se pencha vers le banc d'à côté, à gauche, et se saisit du violon. Soudain, on entendit une voix d'homme crier de loin, semblable au son d'une trompette jouant dans les coulisses d'un théâtre :

— Kurokami ! Kurokami !

Machinalement, le lieutenant tourna la tête comme s'il se demandait d'où venait exactement la voix, comme s'il cherchait à identifier l'auteur de l'appel. Une crispation nerveuse fendait son visage. Sans mot dire, il tendit au garçon le violon cassé, presque aplati, qui, avec ses quatre cordes dessinant un contour bombé, avait dans l'obscurité l'allure d'un petit animal souffrant. L'enfant hésita, mais, finalement, prit pusillanimement l'instrument endommagé entre ses deux mains.

— Kurokami ! Lieutenant Kurokami !

Le lieutenant crut reconnaître la voix du capitaine Honjo.

Il s'empressa de fermer la porte tout en fixant ses yeux, une dernière fois, sur l'enfant tremblant. Le regard inquiet et désemparé qu'il lui lança fut suivi d'une amorce de sourire qu'il retint vite à l'approche de celui qui venait de crier son nom.

— Ah, te voilà ! Qu'est-ce que tu fous là, Kurokami ? On s'en va. Pas le temps de lambiner.

— Oui, mon capitaine ! Excusez-moi, je vérifiais si on n'avait rien oublié…

Dans le noir de l'armoire, Rei entendait distinctement une voix d'homme dure qu'il croyait être celle de l'homme qui avait crié « Kurokami ! » quelques instants auparavant. Il fut étonné d'entendre le nom de Kurokami, car il était loin d'imaginer que « noirs *(kuro)* cheveux *(kami)* » pouvait être un nom de famille. L'homme articulait, sur un ton autoritaire ou comme quelqu'un de très en colère, des mots que l'enfant ne comprenait pas très bien. Il lui faisait peur. Une autre voix d'homme lui répondait d'une manière posée, tranquille, presque douce. Était-ce la voix de celui qui lui avait donné le violon ?

Peu à peu les voix s'éloignèrent. Les pas aussi. Rei resta dans le noir. Bientôt il n'entendit plus rien. Ou plutôt, il entendait tout au bout du long corridor de ses oreilles comme le chant faible et obstiné des cigales qui allaient mourir. C'était l'acouphène, mot qu'il avait appris récemment de son père. C'était le bruit du silence... Il regarda par le trou de la serrure. La salle était sombre à cause des rideaux noirs tirés, mais suffisamment éclairée par les néons pour qu'il se persuadât qu'il n'y avait plus personne. Quelle heure était-il ? Ce n'était pas encore tout à fait la tombée du jour, mais il commençait à avoir faim. Il tendit l'oreille... et s'assura qu'il n'y avait vraiment plus personne, pas l'ombre d'un chat. Il souleva alors le loquet le plus doucement possible et poussa la porte tout en essayant de ne pas provoquer le moindre grincement. Mais ça couinait... Tais-toi ! se dit-il. Il attendit un peu... Rien de nouveau, c'était toujours aussi silencieux. Il n'y avait plus personne. Il remit ses chaussures en toile qu'il avait ôtées pour ne pas faire de bruit. Il sortit de sa cachette, le violon abîmé dans les mains, son livre dans la poche de son pantalon. Il fit quelques pas timides, il avait du mal à marcher : ah ! il avait des fourmis dans les jambes ! Il s'arrêta. Il attendit trois secondes. Il reprit sa marche. Il traversa la grande salle et s'avança vers la sortie. Il poussa, de tout son corps, la lourde porte d'entrée. Il était maintenant debout devant le bâtiment du Centre culturel municipal. Il leva les yeux vers le ciel. Le jour s'en allait. Le voile de la nuit commençait à couvrir le ciel moucheté de nuages. Séparé de son père, il se sentait seul, désemparé. Des sanglots lui montaient à la gorge. Une force noire, énorme, l'écrasait, projetant sur lui des ombres informelles, oppressantes. Des gens passaient dans la rue. Des soldats de la Police militaire, fusil sur l'épaule, patrouillaient. Rei ne voyait pas un seul enfant autour de lui. Où était-il passé, papa ? Reviendrait-il là ? Ou rentrerait-il à la maison directement ? Il s'engagea dans la rue qui allait du côté de chez lui. Il accéléra ses pas… portant le violon détruit, semblable à un animal grièvement blessé qu'il voulait protéger contre le prédateur, contre les méchancetés diaboliques d'un chasseur acharné.

11

Les silhouettes d'hommes devenaient rares à mesure que la nuit venait remplacer le jour. Rei marchait depuis plus de dix minutes pour regagner sa maison située à vingt minutes environ du Centre culturel. Il avait pris plusieurs ruelles s'entremêlant comme dans un labyrinthe, mais ayant fait le chemin plusieurs fois avec son père, il n'avait pas de mal à rentrer chez lui.

Lorsqu'il arriva à un petit croisement où la lampe nue d'un réverbère éclairait pâlement le bout d'une haie de bambous dissimulant le tronc d'un tout jeune cerisier, il remarqua la présence d'un chien shiba qui, sans collier ni laisse, restait immobile derrière la lanterne sur pied, les oreilles triangulaires bien droites, fixant des yeux le collégien, remuant à droite et à gauche sa queue naturellement enroulée sur le dos. Rei ralentit le pas. Il craignait que le chien, effrayé par l'approche d'un humain dans la pénombre, ne sautât sur lui et le mordît à pleines dents. Rei fit en sorte que son regard ne croisât pas le sien. Il passa tout doucement, faisant semblant de ne pas être conscient de la silencieuse attention de l'animal. Il avança ainsi d'une vingtaine de mètres, puis, tout en continuant à marcher, se retourna peureusement pour voir s'il avait pu échapper à une éventuelle poursuite du shiba. Mais non, il était là, derrière lui, à une distance de 5 ou 6 mètres seulement. L'enfant accéléra ses pas, puis s'arrêta net. Alors le chien s'arrêta, lui aussi. Il ne le quittait pas des yeux. Le collégien réalisa que la queue enroulée du shiba bougeait toujours comme le balancier d'une horloge. Il reprit sa marche, fit encore une dizaine de mètres et se retourna de nouveau. Pareil. Le chien l'avait suivi et se trouvait toujours derrière lui à une distance égale à celle qu'il avait observée quand il s'était arrêté et retourné quelques instants auparavant. Rei comprit que l'animal ne lui voulait pas de mal. Il était maintenant tout près de chez lui. Il s'accroupit en regardant le chien auquel une lanterne plantée à quelques mètres de là donnait des tons mordorés. Alors celui-ci se rapprocha lentement de l'enfant. La tête de l'animal et celle du garçon de onze ans, à une cinquantaine de centimètres du sol, se touchaient presque comme s'ils allaient s'embrasser. Ils se regardaient l'un l'autre en silence. Enfin, Rei osa lui tendre la main. Le chien en fit autant après une seconde d'hésitation.

— Tu es seul, toi aussi ?

Rei garda longtemps dans la main la patte blanche du shiba. On voyait leurs deux ombres confondues et superposées sur la surface irrégulière de la ruelle en terre battue.

— Tu veux venir avec moi ?

Rei se releva, se remit à marcher en lançant un regard plongeant sur le chien qui, lui, se plaça naturellement à côté de sa jambe gauche, élevant ses yeux placides vers le visage du collégien.

— Tu viens avec moi ! Tu ne rentres pas chez toi ? Tu es seul comme moi ?

L'enfant s'arrêta, se baissa et prit entre ses deux mains le cou du chien qui, loin de s'en offusquer, ne lui opposa aucune résistance. Leurs yeux se rencontrèrent. L'animal ne bougeait pas, tandis que le garçon croyait reconnaître dans sa pupille largement ouverte comme une grande flamme dansante. Tout à coup, le chien lécha le visage de l'enfant, en poussant de petits gémissements inarticulés.

— D'accord. On y va, dit Rei.

Quelques minutes plus tard, ils arrivaient devant une double porte coulissante en bois. C'était l'entrée de la maison de Yu Mizusawa comme l'indiquait la petite plaque en bois placée au-dessus de la porte et sur laquelle étaient soigneusement calligraphiés les trois idéogrammes correspondant à ses nom et prénom. C'était une baraque en planches peintes en noir que Yu Mizusawa louait à côté d'une autre, semblable. Elles étaient toutes deux plongées dans une obscurité d'encre qu'éclairait fantomatiquement la lumière orange d'un misérable réverbère en bois.

— C'est ici chez moi. *Otoosan* (mon père) n'est pas encore rentré. Je ne peux pas ouvrir la porte, c'est lui qui a la clé. On va l'attendre ici.

Le shiba dévisageait Rei pendant que celui-ci lui parlait comme s'il se persuadait du retour imminent de son père. L'automne s'approfondissant progressivement, le thermomètre descendait à une température qui faisait grelotter dès la nuit tombante. Rei commençait à avoir froid. Le short qu'il portait – le dimanche, comme beaucoup de ses camarades, il était toujours en short jusqu'au début de l'hiver – n'arrangeait rien. Il se blottit sur lui-même contre la double porte coulissante. Le chien était assis jusqu'alors sur ses pattes arrière, mais dès le moment où l'enfant se ramassa frileusement sur lui, il se glissa délicatement entre sa poitrine et ses jambes repliées. Rei sentit se propager la chaleur dégagée par le ventre du chien qui, quelques secondes après, fermait les yeux. Bientôt le garçon sombra dans le sommeil.

12

— Rei-kun, qu'est-ce que tu fais là ?

L'enfant fut réveillé par une voix d'homme. Il releva la tête en se frottant les yeux.

— Ah, *Filippu-san*…

— *Nanishiteruno, kokode, konna jikan ni, hitoride ?* (Qu'est-ce que tu fais, ici, seul, à une heure pareille ?)

Le shiba, collé au petit corps de Rei, tourna brusquement la tête et fixa sur le visage éberlué du visiteur du soir un regard interrogateur.

II

Andante

1

Le téléphone sonna.

— Allô ?

— Jacques, c'est moi. Tu écoutes France Musique ?

— Non, je me concentre sur des choses un peu délicates. Que se passe-t-il ?

Le vieil homme aux cheveux blancs, front largement dégagé, regardait dans le vide au-dessus de ses lunettes à verres progressifs glissant sur le bout de son nez.

— On vient d'annoncer qu'une Japonaise de vingt-trois ans a remporté le premier prix au Concours international de violon Ludwig van Beethoven à Berlin. C'était hier. Elle s'appelle Midori Yamazaki…

— …

— Allô… Tu m'écoutes ?

— …

— Allô, Jacques, tu m'écoutes ?

— Oui, excuse-moi. Oui, bien sûr, je t'écoute.

— Alors, tu as déjà entendu parler de Midori Yamazaki ?

— Non... je ne crois pas... Euh... peut-être que si... Attends... oui, quelqu'un m'a parlé d'une certaine Midori récemment... Est-ce Midori Yamazaki ?... Je n'en suis pas sûr...

— Tu sais, j'ai retenu ce nom facilement puisque c'est comme le whisky...

— Ah, c'est vrai. Tu sais. Yamazaki, c'est un nom très répandu au Japon. Midori aussi d'ailleurs, c'est un prénom très courant. Tiens, il y a Midori Goto... Il doit y avoir des dizaines de Yamazaki et des centaines de Midori dans le milieu musical...

— Comme tu connais pas mal de musiciens japonais, je voulais savoir si ce nom te disait quelque chose, c'est tout.

— Peut-être qu'on m'a parlé d'elle, mais je ne prête pas attention systématiquement à tous les noms japonais. Tu sais, de nos jours, ce n'est pas si rare que ça, une Japonaise ou un Japonais qui remporte un prix dans un concours international...

— Oui, tu as raison... Bon, je ne rentrerai pas trop tard. À ce...

— Ça va, Hélène ? Ça a marché aujourd'hui ?

— Oui, ça va. Je te raconterai ma rencontre avec la violoncelliste ! Et de ton côté ?

— Pas de problème. J'attends le violoniste. Allez, à ce soir !

— Oui. Je ferai des courses en rentrant. Tu veux que j'achète quelque chose ?

— Non, pas spécialement.

Le vieil homme raccrocha. Il était en tablier bleu marine recouvert, de-ci de-là, de quelques copeaux fins. Il retourna à son établi tout en longueur où se trouvait, à côté d'un violoncelle détablé en restauration, un violon ou un alto en cours de fabrication dans son état de bois brut non verni. L'instrument n'avait encore ni manche ni touche ; mais son corps échancré était achevé, toutes ses parties constitutives bien assemblées, minutieusement montées. L'homme au tablier bleu marine contemplait son objet d'un air satisfait, en le tenant de la main gauche. Les ouïes lui firent penser comme souvent aux longs yeux bridés d'un masque japonais *Okame*. Elles transformaient alors la surface de la table d'harmonie gracieusement bombée en un visage de femme souriant et rayonnant. Sur le mur, en face de lui, étaient accrochés une variété incroyable d'outils de menuiserie et de lutherie. Plus haut, on voyait un diplôme encadré : celui de la *Cremona Scuola Internazionale di Liuteria*. Au bout de quelques minutes, ses yeux quittèrent son enfant encore à l'état de fœtus pour se porter sur les nombreux instruments à cordes verticalement accrochés à une planche en bois d'une dizaine de mètres qui, juste au-dessous du plafond, allait horizontalement d'une extrémité à l'autre de tout le mur peint en blanc. Il tourna sa chaise en direction de sa collection de violons et d'altos parfaitement alignés. Un chien de taille moyenne au pelage court, sommeillant aux pieds de l'artisan, releva la tête brusquement et dévisagea longuement le vieil homme.

— Non, pas encore, Momo. Il est seulement quatre heures. Un peu plus tard, d'accord ?

Les oreilles triangulaires dressées sur la tête aux poils marron clair bougèrent un quart de seconde pour capter les mots du vieil homme.

L'homme au tablier bleu marine ôta ses lunettes tenues par une chaînette. Il se massa lentement les paupières avec les doigts des deux mains, comme le font les horlogers ou les artisans d'autres métiers, fatigués après une longue journée de travail exigeant une forte concentration. Il ouvrit les yeux. Son regard se perdit dans le vide ; il devint songeur ; il finit par refermer les yeux. Le dos appuyé contre le dossier de la chaise, les bras croisés, il s'enfonça dans un état de recueillement silencieux dont il ne sortit que quelques longues minutes plus tard.

Il se leva pour gagner la cuisine en traversant le petit salon où trois fauteuils en cuir noir entouraient une table basse rectangulaire en verre. Il se fit un café et revint s'asseoir dans le fauteuil tout près de la bibliothèque encastrée dans le mur du fond. Alors, la chienne – car Momo est un nom attribué à une femelle –, de son côté, vint se coucher sur ses pieds.

Les yeux de l'homme au tablier bleu marine se portèrent de nouveau sur les instruments accrochés à la planche horizontale.

Il finit son café, se releva et, avant de

retrouver son ouvrage, alluma la radio d'où sortait une voix de femme veloutée, souple, harmonieuse :

— Vous venez d'entendre le quatuor à cordes en *ré* majeur, opus 18-3 de Beethoven, interprété par le Quatuor Alban Berg.

Quelqu'un sonna à la porte.

2

Le luthier ouvrit la porte. Un homme d'une trentaine d'années était là.

— Bonjour, Christophe Rubens, j'arrive un peu en avance. Ça ne vous dérange pas ?

— Non, pas du tout. Enchanté. Jacques Maillard.

— Enchanté. Je viens de la part de David Tréchard.

— Oui, je suis au courant. Entrez.

Le vieil homme précéda le jeune homme pour se diriger vers le petit salon.

— Merci de me recevoir en urgence.

— Je vous en prie. Vous avez un concert demain soir, c'est ça ?

— Oui, exactement. Mais mon violon n'est pas en très bon état depuis que je suis rentré à Paris avant-hier. Il ne sonne pas comme d'habitude…

— Vous avez voyagé en avion ? Vous étiez où avant ?

— À Saint-Pétersbourg.

— Et avant Saint-Pétersbourg ?
— À Bombay, en Inde.
— Et avant Bombay ?
— Au Canada.
— Votre violon a certainement souffert de ses multiples déplacements. Je vais regarder.

Les deux hommes, dans le petit salon, étaient toujours debout.

— Asseyez-vous, dit le luthier. Voulez-vous un café ? J'ai du thé aussi.
— Euh... je prendrais bien un peu de thé, c'est gentil.
— Du thé comment ? Du thé noir ou du thé vert ? J'ai les deux.
— Du thé vert, s'il vous plaît.

Jacques disparut dans la cuisine. Christophe Rubens observa tout autour de lui : il fut impressionné par le nombre considérable de violons et d'altos suspendus. Il n'en avait jamais vu autant dans un atelier de lutherie. Contre le mur du côté opposé à celui des violons et altos étaient dressés trois violoncelles dont l'un le frappa par sa couleur extrêmement foncée, lui rappelant un chef-d'œuvre de Domenico Montagnana qu'il avait admiré des années auparavant chez un musicien hongrois à Budapest.

Jacques revint. Deux tasses étaient posées sur un plateau rond de couleur rouge : l'une en porcelaine, sans anse, décorée de petits motifs de fleurs bleues, l'autre en céramique noire, d'apparence rustique. Le luthier déposa le plateau sur la table en verre. Il s'assit en face du violoniste, lui proposa la tasse en porcelaine. Il se fit un silence. Chacun but sa première gorgée de thé.

— Il est excellent, votre thé.

— Ah oui ? Vous aimez ? Il n'est pas trop fort ?

— Non, non, j'aime bien comme ça.

Jacques finit sa boisson.

— Bon, je vais regarder votre violon.

Le violoniste confia au luthier son instrument qu'il avait gardé sur les genoux.

— Merci. J'espère qu'un léger travail d'entretien suffira. Allez, à tout de suite.

Jacques prit le violon et alla à son établi. Il remit ses lunettes, alluma la lampe de bureau, ouvrit l'étui, sortit l'instrument qu'il commença à examiner immédiatement.

— Mais c'est un Vuillaume, votre violon ! cria le luthier depuis son établi avec un enthousiasme qu'il avait du mal à retenir.

— Oui. David ne vous l'a pas dit ? répondit Christophe à voix forte sans bouger du fauteuil.

Puis s'installa un silence de plomb. On entendait seulement, de temps à autre, le bruit presque imperceptible d'une opération délicate et minutieuse dont on avait du mal à imaginer le geste. Ainsi passa environ une demi-heure durant laquelle Christophe n'avait autre chose à faire que de regarder les instruments exposés, les livres de lutherie et un nombre considérable de CD qui remplissaient la bibliothèque.

Enfin, le luthier revint avec le violon et l'archet à la main.

— Essayez, s'il vous plaît.

Il posa l'instrument et l'archet sur la table en bois massif qui séparait le petit salon de l'atelier à proprement parler. Le violoniste se leva d'un bond. Il se mit à accorder son violon, en donnant de brefs coups d'archet sur les cordes.

— Déjà je vois que ça va mieux.

— Il avait besoin d'être réglé… je dirais même *soigné*… J'ai remplacé le chevalet. Il n'était pas droit et un peu trop profondément creusé par les cordes. Je crois qu'il n'a pas été changé depuis pas mal de temps. Puis j'ai déplacé l'âme d'un dixième de millimètre… Je crois qu'il a vraiment souffert de ses trimballements récents, comme je vous l'ai dit. Un violon, c'est un être sensible, vous savez…

Alors, sans réagir à la remarque du luthier, Christophe Rubens s'empressa de jouer la *Chaconne* de Bach. Jacques s'enfonça dans son fauteuil pour l'entendre jouer une des œuvres qu'il avait entendues un nombre incalculable de fois. Pendant ses longues années de formation, combien de fois son travail avait-il été mis à l'épreuve par cette pièce maîtresse de la littérature du violon ! Chaque fois, c'était l'occasion pour lui d'essayer de s'élever à la hauteur de l'univers sonore engendré par un instrument de maître qu'il avait étudié dans le moindre de ses recoins !

Lorsqu'il eut fini d'interpréter le début de la *Chaconne* où l'on joue en double-corde, en triple-corde et même en quadruple-corde, le violoniste s'arrêta.

— C'est parfait, monsieur Maillard. Je suis heureux de retrouver mon violon tel que je le connais.

— Je suis rassuré. C'est un bel instrument que vous avez ! Un Vuillaume, ce n'est pas rien !

— Oui, j'en suis très content. Et vous êtes un sauveur pour lui… et pour moi bien sûr ! Je vous en remercie sincèrement. Je vous dois combien ?

— Eh bien… 150 euros, ça vous convient ?

— Très bien. Je peux vous faire un chèque ?

— Bien entendu.

Christophe Rubens sortit son chéquier et, tout en signant son chèque, il se tourna une seconde vers les violons et altos suspendus.

— Ce sont vos œuvres ? demanda-t-il.

— Oui, pour la plupart. Quatre ne sont pas de moi. Mais le reste, c'est moi. Il y en a trente-huit.

— Je peux en essayer quelques-uns ?

— Oui, si vous voulez.

Jacques Maillard se rapprocha du défilé de ses instruments. En les regardant de près, il en choisit trois qu'il posa sur la grande table.

— Ce sont trois pièces que j'ai faites à des époques différentes de ma carrière. Je suis très attaché aux trois. Vous pouvez les essayer. Vous me direz ce que vous en pensez.

Christophe Rubens joua de nouveau la *Chaconne* de Bach sur les trois violons proposés par Jacques Maillard. Il passa deux ou trois minutes sur chacun des instruments qu'il trouva tous fort beaux en raison de la limpidité cristalline et quelque peu bleuâtre des aigus aussi bien que de la profondeur nocturne et tellurique des graves. Il fut aussi frappé par une rare et remarquable égalité sonore.

— Ils me plaisent tous les trois. Mais je sais lequel je choisirais… Je n'ose pas vous demander le prix…

— Le troisième n'est pas à vendre. Mais pour les deux autres, on peut discuter. Vous reviendrez me voir, si vous avez envie de prendre l'un ou l'autre. Et puis il y en a d'autres, comme vous voyez… Certains sont plus abordables…

— Dommage ! C'est vraiment dommage ! Mon choix se porte justement sur le troisième…

— Ah bon ?

— Il est différent des deux autres… Je le trouve extraordinaire, d'une clarté et d'une ampleur sonores totalement séduisantes…

— Ah oui ? Il est en effet différent des autres. Vous sentez… vous êtes sensible à la différence…

— Monsieur Maillard, je reviendrai vous voir. Je ne peux pas vous dire quand, mais je reviendrai, c'est sûr et certain. Je voudrais mieux connaître votre travail. Je vous laisse mes coordonnées.

Le violoniste sortit une carte qu'il tendit au luthier. Celui-ci en fit autant.

— Tout est marqué dessus : adresse, téléphone, e-mail, heures d'ouverture de l'atelier.

— D'accord. Merci infiniment.

Le vieil homme au tablier bleu marine salua

le musicien. Il tira la porte vitrée, retourna la petite pancarte pour montrer aux visiteurs le côté « Fermé ».

Il alla retrouver son ouvrage en cours.

3

Jacques et Hélène avaient fini de remplir le lave-vaisselle. Sa gamelle vidée bien avant que ses deux compagnons humains n'aient terminé leur repas, Momo était déjà installée à sa place habituelle contre le canapé en forme de L de la grande salle de séjour. Celle-ci était séparée de l'atelier de Jacques par un mur de cloisonnement épais donnant, côté atelier, sur le petit salon. Momo attendait son compagnon comme tous les soirs après le dîner.

— Il faut que je te montre ce que j'ai trouvé dans *Libé.*

Hélène sortit le journal de son petit sac à dos qu'elle avait laissé sur le canapé en rentrant. Elle désigna de l'index un entrefilet dans les deux pages culturelles déployées sur la table basse ovale.

— J'ai trouvé ça après le coup de fil que je t'ai donné cet après-midi. On présente Midori Yamazaki, le premier prix du Concours international de violon Ludwig van Beethoven.

Hélène, debout, regarda fixement Jacques qui, en se penchant, caressait la tête de sa chienne shiba.

— Tu verras, c'est très intéressant, ce qui est écrit. Je vais faire du thé comme d'habitude ?

— Oui, je veux bien.

Hélène revint quelques minutes après avec une théière et deux tasses à thé sans anse posées sur le plateau rond laqué rouge que Jacques avait utilisé pour servir le thé à Christophe Rubens. Elle avait mis également deux madeleines sur une petite assiette. Elle s'installa sur le canapé à côté de Jacques.

— Tu as vu, elle a un parcours brillant.

En reprenant le journal, Hélène se mit à lire à haute voix quelques-unes des lignes consacrées à la jeune violoniste japonaise Midori Yamazaki : « *Diplômée de l'Université nationale des Beaux-Arts et de la Musique de Tokyo, elle a poursuivi sa formation musicale à New York, à Genève, à Paris auprès de grands maîtres de violon tels que David Zukerman, Michel Steinberg, Jean-Jacques Aulard. Elle est née dans une famille de musiciens amateurs. Mais, de son propre aveu, c'est plutôt son grand-père maternel qui a joué un rôle essentiel dans son éveil à la musique aussi bien que dans le choix de sa carrière musicale. Elle joue sur un Stradivarius prêté par la Fondation du Japon…* »

Hélène, achevant la lecture, saisit sa tasse pour boire une gorgée de thé vert grillé, qu'elle prenait le soir pour s'assurer un bon sommeil.

— Chaque année, il y a sans doute plusieurs

dizaines de Japonais qui viennent se perfectionner en Europe…

— Ils sont nombreux, en effet. Il y en a même chez moi !

— Parmi eux, certains arrivent à percer et à se distinguer aux côtés des Européens, et qui se lancent dans une carrière internationale. C'est certainement le cas de cette Midori Yamazaki… Mais il y en a qui disparaissent aussi…

— On va la suivre, celle-là…

Jacques ne répondit pas. D'une traite, il finit sa tasse de thé.

— Ta violoncelliste est donc passée te revoir ?

— Oui. Elle en a choisi un, enfin. Ça a été long ! Elle a hésité, hésité, hésité… Et, maintenant, je crois qu'elle fera partie de mes clients fidèles. En tout cas, elle est très enthousiaste de mes archets.

— Tant mieux ! C'est formidable de rencontrer quelqu'un qui apprécie son travail.

— Oui, ça fait plaisir. Et toi, tu as vu le violoniste en question ?

— Oui. Il a un Vuillaume de 1864 ! Ce n'est pas tous les jours qu'on voit ça ! À force d'avoir été ballotté dans ses voyages, il avait besoin d'être réglé. Le jeune homme était très content, surtout rassuré. Il a un concert demain soir… Il s'appelle Christophe Rubens.

— Ah oui, j'ai entendu parler de lui… Je l'ai même entendu jouer à la radio il n'y a pas longtemps… En voilà un autre qui monte !

— Il a joué ici le début de la *Chaconne* sur son Vuillaume réglé. Ce n'était pas mal du tout !

Jacques Maillard se leva pour aller vers la chaîne hi-fi. Il prit un CD dans un meuble rempli de CD et de vidéos VHS. Un lecteur était posé dessus. Il y inséra le CD choisi. Des petites enceintes acoustiques accrochées au plafond émana alors de la musique pour violon seul.

— La *Chaconne* jouée par Gidon Kremer, murmura Jacques en se rasseyant sur le canapé.

Au son de la musique, Momo se réveilla et releva la tête. Puis elle sauta sur le canapé pour s'y allonger et poser la tête sur les genoux de Jacques. Le luthier caressa sa chienne plusieurs fois, de la tête à la racine de la queue enroulée. Momo clignait les yeux en s'abandonnant aux doux gestes du luthier. Au bout de quelques minutes de recueillement musical que seuls dérangeaient le discret tic-tac de la pendule et quelques sporadiques gémissements oniriques de Momo, Jacques, sortant tout juste d'un moment de rêverie, reprit d'une voix apaisée :

— Avant de partir, il a essayé deux de mes violons assez récents et, pour finir, mon Vuillaume aussi, toujours avec la *Chaconne*.

Le luthier fit part à sa compagne de la préférence que le musicien avait manifestée pour le violon hors commerce. Un sourire de contentement se dessinait sur le visage de Jacques Maillard. La *Chaconne* se terminait.

— Je suis vraiment contente que ton Vuillaume

soit apprécié une fois de plus par un professionnel de haut niveau ! Tu veux encore du thé ?

Le *Prélude* de la *Partita* n° 3 BWV 1006 commençait.

— Oui, j'en reprendrais bien un peu pour finir ma madeleine. Ne bouge pas, Hélène, je vais mettre de l'eau chaude dans la théière. Momo, excuse-moi. Je me lève…

La chienne descendit du canapé pour se coucher sur le parquet. Hélène se replongea un moment dans le journal. Lorsque Jacques revint avec la théière remplie d'eau chaude, elle dit :

— J'aimerais entendre jouer un jour Midori Yamazaki… On dit tellement de bien d'elle !

4

Jacques et Hélène s'étaient rencontrés à Mirecourt, petite ville dans les Vosges, capitale de la lutherie française. Ils étaient jeunes : l'un avait vingt-six ans, l'autre vingt et un. Ils étaient arrivés à Mirecourt trois ans auparavant.

Dévoreur de livres, Jacques avait passé deux ans à la Sorbonne, après le baccalauréat, pour entreprendre des études de lettres. Mais il n'avait pas réussi à s'y épanouir. La manière savante d'aborder la littérature, à force de s'attacher à l'auteur, lui avait semblé manquer l'essentiel : le vaste champ des résonances des mots formant la réalité première et tangible de chaque œuvre. Il revint alors à son rêve d'enfance, à celui de devenir luthier. Dès l'adolescence, il s'était plongé dans la musique comme dans les livres, dans les sons comme dans les mots. Son environnement familial ne lui avait pas permis d'apprendre à jouer du violon ou de l'alto : il s'était tourné vers la fabrication d'instruments à cordes. C'était la meilleure manière de demeurer dans le jeu des infinies combinaisons des sons musicaux et dans le vaste monde des émotions foisonnantes et profondes qui en émanaient. Il avait décidé d'aller à Mirecourt ; il en fit part à son père qui se montra compréhensif : celui-ci lui dit que le meilleur choix était certainement de s'engager sur le chemin qui s'imposait, écouter la voix qui s'élevait de la profondeur de ses énergies vitales.

— Sinon, ton ombre ne te suivra pas. Elle sera séparée de toi. Après tout, on ne vit qu'une fois, affirma-t-il, en exhalant un long soupir.

Hélène était venue à Mirecourt dès l'âge de seize ans. Elle avait accompagné ses parents, tous les deux altistes professionnels, à Lyon. Lors d'un de leurs voyages dans la petite ville vosgienne pour le réglage de leurs instruments respectifs, ils avaient proposé à leur fille de les accompagner. Et c'est ce voyage qui décida de l'avenir de la jeune fille. Hélène avait été frappée par le métier d'archetier, lorsqu'elle était entrée dans l'atelier d'un maître archetier. Une simple baguette en bois de pernambouc s'était transformée en un bel objet dont la courbe lui apparaissait pour la première fois – alors qu'elle avait vécu jusque-là tous les jours au contact des archets de ses parents – sous l'aspect d'une mystérieuse beauté qui faisait penser à celle d'un navire céleste voguant sur les flots argentés des nuages. Ses parents lui avaient dit que la sonorité de leur instrument changeait sensiblement en fonction de l'archet qu'ils considéraient comme le prolongement naturel de leur bras droit. Tout prenait alors un sens nouveau. Hélène avait quitté Mirecourt en se jurant qu'elle reviendrait s'initier à l'art de l'archèterie auprès d'un maître. Elle y revint deux ans plus tard avec la même détermination qui n'avait rien perdu de son intensité première ni de sa puissance juvénile.

L'un et l'autre avaient commencé leur apprentissage auprès d'un maître renommé. Tous les jours se ressemblaient, se déroulant paisiblement comme s'ils avaient été jetés dans un même moule. Ils menaient tous deux, chacun de son côté, une vie de moine, jour après jour, habillés en tablier vert, bleu marine ou encore noir, cloîtrés dans leur atelier sombre, parlant peu, observant beaucoup, se faisant tout ouïe, scrutant les gestes de leur maître dans le maniement des outils, ne regardant que leur ouvrage éclairé par la lumière orange d'une lampe de bureau. La nuit venue, avant de se coucher dans leur modeste chambre où il y avait à peine l'espace d'un lit et d'une commode qui faisait table en même temps, ils se remémoraient et, parfois, notaient dans leur cahier de notes et de croquis les choses essentielles qu'ils avaient apprises. Leurs vies d'artisan dans la petite ville de sept mille âmes se ressemblaient, étrangement et comme deux gouttes d'eau, dans leur simplicité, dans leur régularité, dans leur frugalité, dans leur ardeur au travail, dans la monotonie répétitive de leur vie quotidienne, sans qu'ils eussent l'occasion de se connaître, sans échanger un seul regard, un seul sourire, un seul mot. Or, un jour, trois longues années après leur arrivée à

Mirecourt en 1950, ils se rencontrèrent, comme guidés par une intelligence supérieure aimant à rapprocher deux cœurs qui se ressemblent.

M. Laberte, maître luthier, envoya son apprenti pour une commission chez M. Bazin, maître archetier. Ils collaboraient de temps à autre pour quelques clients. L'atelier du maître archetier se trouvait à une dizaine de minutes à pied de l'atelier de son collègue et ami. Jacques s'y rendait pour la première fois. Il entra dans l'atelier et remarqua tout de suite le maître âgé d'une cinquantaine d'années, aux cheveux grisonnants, une calvitie ronde au sommet du crâne, portant des lunettes à verres épais. Il lui remit une grande enveloppe de la part de son maître. Jacques voulut repartir sans tarder en lui disant au revoir. Mais au moment même où il sortait de l'atelier, il fut frappé, en se retournant machinalement, par la présence d'une jeune femme à lunettes devant son établi. Elle était à côté d'un jeune apprenti qui amaigrissait une longue baguette orangée à l'aide d'un minuscule rabot : de longs copeaux comme les cheveux bouclés d'un ange tombaient en abondance sur l'établi. Il croyait jusqu'alors naïvement que les facteurs d'instruments et d'archets étaient tous des hommes. La jeune femme, elle, cherchait à plier tout doucement une baguette en la réchauffant au-dessus d'une flamme afin d'obtenir une belle cambrure d'arc. Elle se sentit observée. Elle leva la tête, vit le jeune homme qui était resté là alors qu'il avait manifestement fini sa tâche de messager. Elle lui sourit une fraction de seconde avant de continuer à se concentrer sur son ouvrage. Jacques eut à peine le temps de lui rendre la pareille. Un grand silence régnait. On n'entendait que le bruit régulier du petit rabot et celui que faisait la baguette frottée, de temps en temps, contre le rebord de l'établi pour recevoir sa courbure idéale.

Jacques se retourna et se retira sur la pointe des pieds.

Ce soir-là, avant d'éteindre la lampe de chevet, il griffonna quelques lignes dans son cahier vert, qui portait le numéro 18 et qui était en même temps son journal, pour noter sa rencontre inattendue avec la mystérieuse archetière en herbe.

La lumière éteinte ne fit pas apparaître Morphée dans la chambre de Jacques. L'apprenti resta éveillé dans les ténèbres jusqu'à une heure tardive de la nuit.

5

Des jours passèrent, puis des semaines et des semaines. La vie avait repris son cours habituel sans que rien de nouveau vînt perturber l'acharnement au travail des deux jeunes apprentis et leur calme et obsessionnel désir de progresser dans leur métier. Le souvenir même de leur rencontre éphémère fut bientôt enfoui, chez l'un comme chez l'autre, sous l'épaisseur des moments présents accumulés au fil du temps. Ni Jacques ni Hélène ne pensaient plus à l'autre sans pour autant que l'empreinte du sourire échangé se fossilisât au fond du puits ténébreux de leur mémoire.

Cependant, un jour où ils n'étaient pas tout à fait dans le moule étroit de leurs activités professionnelles, une deuxième rencontre eut lieu. C'était un après-midi radieusement ensoleillé vers la fin du mois d'août. Ils revenaient tous les deux de leurs courtes vacances. Jacques avait passé les siennes en Normandie où son père, fils unique, avait hérité de la maison natale. L'archetière en apprentissage, de son côté, venait de goûter la détente du corps et la paix de l'esprit à la campagne dans la résidence secondaire de ses parents non loin de Dijon. Descendant du train, ils marchaient, chacun un sac sur le dos, vers le hall de la gare. Leurs yeux se rencontrèrent. La rareté des voyageurs facilita la reconnaissance réciproque.

— Bonjour !

— Bonjour, vous vous souvenez de moi ?

— Oui, je ne sais plus quand, mais vous êtes venu à l'atelier une fois !

— C'est ça ! Ça alors, quelle surprise ! Nous étions dans le même train, si je comprends bien.

— Apparemment, oui. Vous revenez de vacances ?

— Oui. Vous aussi ?

— Oui.

Ils convinrent d'aller se poser dans un café. Ils cherchèrent un endroit calme. Au bout de quelques minutes de marche, ils s'installèrent sous un parasol à la terrasse d'un bistrot.

— Je m'appelle Hélène, Hélène Becker, dit l'archetière en tendant la main au luthier.

— Jacques Maillard. Vous habitez à Mirecourt depuis… ?

— Trois ans et demi… Je suis originaire de l'Hérault, mais ma famille habite à Lyon. Et vous ?

— Je suis parisien. Enfin, c'est un peu plus compliqué que ça, mais, en gros, je peux dire que j'ai toujours vécu à Paris… Moi aussi, je suis arrivé à Mirecourt il y a un peu plus de trois ans…

Au garçon venu s'enquérir de leur choix, ils commandèrent chacun un café.

— Quand je vous ai vue à l'atelier de M. Bazin, j'ai été très surpris, parce que je croyais à tort que dans ce métier il n'y avait pas de femmes…

— Vous avez raison, le métier est presque exclusivement réservé aux hommes. M. Bazin a mis un peu de temps pour m'accepter…

La conversation était très animée. Elle porta d'abord sur les joies et les difficultés du métier. Hélène fit part à Jacques de son bonheur lorsqu'elle avait réussi à donner une cambrure idéale à une simple baguette de pernambouc qu'on avait réveillée de plusieurs dizaines d'années de sommeil de séchage.

— Le pernambouc, c'est le fameux bois qui a été introduit par ce grand maître français du XVIIIe siècle ? Euh… François… ?

— François Xavier Tourte.

— Ah oui, c'est ça.

— C'est un arbre qui ne pousse qu'au Brésil… Je trouve extraordinaire qu'il ait pensé à un arbre aussi lointain pour le perfectionnement de son art. Vous ne croyez pas ?

— Eh oui, c'est extraordinaire… C'est la passion qui l'a emmené loin, techniquement et géographiquement…

Jacques, à son tour, parla de son admiration pour les grands maîtres luthiers depuis Amati qui ont fixé une fois pour toutes le choix des bois utilisés pour la création des instruments à cordes :

l'épicéa pour la table, l'érable pour le fond, le manche, les éclisses, le chevalet, l'ébène pour la touche, le cordier… Comme Hélène, il travaillait des bois qui sortaient d'une longue période de séchage naturel ; et il était fasciné, de même qu'Hélène l'était par la beauté de la courbe des archets, par l'élégance gracieuse des voûtes qu'il fallait réaliser sur le dos ainsi que sur la table d'harmonie afin de donner à l'instrument une capacité de vibration surnaturelle. Il fallait arriver à une parfaite maîtrise de l'outil approprié à chaque geste jusqu'à ce qu'il devînt une partie intégrante de ses deux mains. Cela demandait un effort constant et une patience infinie. Mais il ne se décourageait pas. Bien au contraire, il redoublait d'efforts en se persuadant que la somptuosité et la splendeur des sons l'attendaient au terme de tout ce long chemin.

Ils se regardèrent et s'émerveillèrent, chacun en son for intérieur, devant le hasard ou la nécessité du destin qui les avait amenés à venir s'initier dans cette ville vosgienne aux mystères de la production des sons musicaux.

— Je n'en suis qu'au tout début de mon aventure, conclut Jacques sur un ton de lucidité et d'espérance.

— Moi aussi, répondit Hélène.

Le temps s'était égrené sous le parasol du bistrot sans que les deux jeunes artisans fussent conscients de son écoulement rapide et silencieux. Le soleil commençait à décliner, déjà. Il fallait s'en aller, rejoindre chacun son atelier. Ils se promirent de se revoir. Ils se serrèrent la main et se quittèrent. Les deux silhouettes disparurent dans l'obscurité croissante des ruelles.

6

Deux années passèrent encore dans la régularité des observations sans cesse recommencées, dans l'imperturbable tranquillité des réflexions continuellement reprises, dans l'amour des gestes à répéter sans relâche jour après jour. Ce qui changea par rapport aux trois premières années où Jacques et Hélène demeuraient dans leur ignorance réciproque tout en vivant et travaillant dans deux ateliers si peu éloignés l'un de l'autre, c'était leur rendez-vous qui s'instaura peu à peu après leur rencontre inattendue à la gare. Ils se virent d'abord toutes les deux ou trois semaines, puis la fréquence augmenta rapidement pour atteindre un rythme hebdomadaire. Souvent, ils prenaient la pause de midi ensemble pour casser la croûte. Le soir, quelquefois, après leur journée de travail, ils dînaient en tête à tête dans une obscure gargote où ils s'attardaient jusqu'à une heure avancée de la nuit. Les mots partaient du cœur de l'un pour pénétrer dans celui de l'autre. Puis, en pensant au lendemain tout aussi appliqué que les jours précédents, ils se disaient au revoir et rentraient chacun dans son gîte pour apaiser la fatigue des yeux, régénérer les muscles tendus de leurs bras et de leurs épaules pendant le court mais profond sommeil traversé, parfois, de rêves d'avenir. Ils se sentaient solidaires l'un de l'autre, ils s'épanchaient mutuellement et se retrouvaient dans la conception de l'accomplissement personnel intimement liée à celle du perfectionnement de leur art patiemment poursuivi : le monde de l'un se fortifiait, s'enrichissait, s'élargissait ainsi, profitant de la présence et de l'apport de l'autre.

Un jour, de la bouche d'Hélène s'échappèrent des mots qui venaient du fond du cœur :

— Plus tard, peut-être que quelqu'un jouera d'un de tes violons avec un de mes archets !

Elle devint toute rouge.

— Pourquoi pas ? répondit Jacques sur un ton songeur, en regardant l'archetière dans les yeux.

Hélène écrivait régulièrement à ses parents. Ceux-ci lui répondaient par retour de courrier. Ils lui donnaient de leurs nouvelles, celles de la famille, celles de leurs fréquentations. C'est ainsi qu'Hélène apprenait que telle camarade de classe avait été *casée*, que telle autre s'était fiancée. Elle prit conscience que les années passaient et qu'elle atteignait elle aussi un âge où le mariage se profile à la conscience des jeunes filles. Dans son lit, avant de s'endormir, elle envisageait, avec, parfois, une sourde et persistante inquiétude, son avenir qui n'avait encore aucune forme précise et pourrait perdurer encore longtemps dans une incertitude déstabilisante. Même en pleine journée, dans l'atelier de son maître, il lui arrivait de se surprendre en train de rêver, de s'imaginer dans un environnement familial et professionnel lui procurant bonheur et satisfaction. Et, en elle-même, elle ne pouvait pas s'empêcher de voir sa vie confondue avec celle de Jacques…

Or, un jour de printemps pluvieux, quelque chose de totalement inattendu surgit devant elle. Jacques proposa à Hélène d'aller dîner le dimanche suivant dans un *vrai restaurant*. Ils s'étaient toujours contentés d'une brasserie de la ville qui n'était guère mieux qu'une cantine d'école. Ce dimanche-là, Jacques tenait à ce que leur rendez-vous se passât dans un cadre différent.

— Laisse-moi faire, je m'occupe de tout ! dit Jacques.

Vêtu d'une veste, cravaté, Jacques alla chercher Hélène à l'atelier du maître Bazin qui l'hébergeait. La jeune femme, légèrement maquillée, apparut en robe vert clair. Le jeune homme fut surpris par la beauté discrète d'Hélène qu'il n'avait jamais soupçonnée jusqu'alors sous son tablier d'archetière. Ils prirent le train pour se rendre à Épinal. Ils s'installèrent dans un restaurant nommé *Au Buisson Ardent* près de la gare. Une fois leur commande prise, il y eut un moment de silence où chacun semblait sonder l'attente de l'autre, deviner les mots qui, dans la conscience de l'autre, se préparaient à se formuler, à s'agencer, à s'énoncer.

— C'est un jour spécial aujourd'hui..., dit enfin Hélène.

Jacques pensa qu'elle désirait certainement tirer de sa bouche quelques mots tendres à ses oreilles. Il se fit violence pour ne pas céder à cet appel silencieux que son cœur entendait parfaitement, mais auquel sa volonté refusait de répondre.

— Oui, c'est un jour spécial... j'ai pris une décision importante.

— Ah oui ? murmura Hélène, impatiente.

— ... Eh bien... comment te dire... J'ai décidé de quitter Mirecourt.

— ...

Hélène, interdite, ne put prononcer un mot.

— Je... Je vais... Je vais continuer ma formation à Crémone. M. Laberte m'a mis en relation avec un grand maître de là-bas qui accepte de me prendre. Il me reste encore énormément de choses à acquérir, surtout en matière de restauration.

— Je croyais...

Hélène fut interrompue par une poussée d'émotion.

— Je croyais qu'on continuerait encore longtemps comme ça...

La jeune femme faisait tout pour s'empêcher de s'effondrer. Jacques, troublé par la soudaine manifestation d'émoi à laquelle il s'attendait un peu, mais pas avec une telle intensité, s'efforça de rester calme et lui expliqua posément la raison de sa décision.

— Moi aussi, j'aurais aimé que ça continue comme jusqu'à maintenant... Mais c'est impossible. Il faut que je te dise quelque chose d'important, Hélène.

La jeune archetière, qui avait baissé les yeux pour cacher ses larmes, releva la tête en passant la main droite sur ses joues.

— Je n'ai jamais abordé ce sujet avec toi... mais j'ai un projet depuis longtemps. Les cinq années que j'ai passées à Mirecourt ne sont en fait que la première étape de ce projet... Excuse-moi, j'aurais dû t'en parler plus tôt, mais c'était difficile. J'ai traversé au début une période d'indécision où je me demandais si j'étais vraiment fait pour ce métier, si ça valait la peine de persévérer... Puis, quand j'ai réussi à dissiper mes doutes, j'ai commencé à rêver à mon avenir de luthier à côté du tien... Comme toi, peut-être... Mais je ne peux pas abandonner le projet que je porte en moi depuis quasiment, je dirais, mon enfance... Nous sommes venus ici parce que je voulais te confier ce projet... Ce sera un peu long.

Le visage de la jeune femme peu à peu apaisée semblait désormais indiquer la disposition de son cœur à recevoir l'explication du jeune luthier qui ne se satisfaisait pas des acquisitions mirecurtiennes.

— Alors, par où commencer ? se demanda Jacques.

Le garçon leur apporta les entrées qu'ils avaient commandées.

— Bon appétit, Hélène.

— Merci. Bon appétit à toi aussi.

— Merci... Hélène, j'ai souvent voulu te demander si tu n'avais pas eu envie de m'interroger sur mon nom et sur mon prénom parfaitement français qui accompagnent mon physique asiatique...

— Au début si. Je me suis dit que tu étais issu d'une famille d'origine vietnamienne ou chinoise... et comme tu es né en France, ils t'ont donné un prénom français... Je n'ai pas cherché plus loin. En tout cas, ça ne m'a jamais tracassée ! Le physique, le nom, les origines, tout ça ne m'a jamais préoccupée... Ce qui compte, c'est ce que tu deviens par tes efforts, par ta volonté... Non ?

— Je m'appelle Jacques Maillard, mais je m'appelle aussi ou plutôt je m'appelais autrefois Rei Mizusawa. J'*étais* japonais... Je me suis retrouvé orphelin à Tokyo et j'ai été adopté par M. et Mme Maillard qui m'ont élevé comme si j'étais leur fils...

C'est ainsi que Jacques se mit à faire le récit de ce qu'il avait vécu vingt ans auparavant, en passant la majeure partie d'un après-midi, tremblant de peur, dans l'obscurité solitaire d'une armoire européenne placée dans le coin d'une salle de réunion d'une maison de la culture, située quelque part dans l'immensité de la ville de Tokyo. Animé par le désir de restituer le plus fidèlement possible la scène dont il avait été témoin par le trou de la serrure de l'armoire, il s'arrêtait trop souvent de manger. Quant à Hélène, elle mangeait tout aussi lentement, captivée par l'histoire que son ami luthier lui racontait. Le déjeuner s'éternisa. Ils étaient seuls à la fin *Au Buisson Ardent*, lorsque Jacques termina le récit de son parcours de vie. Ils n'avaient pas encore pris de dessert.

— Je n'ai plus faim, dit Hélène.

— Moi non plus. Il faut peut-être y aller, c'est bientôt l'heure du train.

Jacques régla l'addition, remercia le garçon, s'excusa d'avoir tardé à finir le repas. Puis ils sortirent du restaurant.

— Mince, il pleut…, chuchota Hélène.

— *Il pleut sur la ville comme il pleure dans mon cœur…*

— Tu inverses l'ordre…

— Oui. Je sais. Mais ça m'est venu naturellement…

Rentrés à Mirecourt, ils marchèrent lentement vers l'atelier de M. Bazin.

— Quand est-ce que tu vas partir pour Crémone ?

— Dans deux semaines. On a encore le temps de se voir.

— Tu resteras longtemps là-bas ?

— Je ne sais pas.

— On s'écrira ?

— Oui, bien sûr. On s'écrira. Je t'écrirai régulièrement.

Malgré leur marche ralentie à l'extrême

comme s'ils voulaient différer le plus longtemps possible le moment de se dire au revoir et bonne nuit, ils arrivèrent chez M. Bazin trop vite sans que ni l'un ni l'autre pût faire quoi que ce soit pour rallonger le temps d'être ensemble. Seul un réverbère fantomatique les éclairait. Hélène remercia Jacques pour le restaurant et, surtout, pour le récit de sa vie qui l'avait bouleversée. Jacques, de son côté, en fit autant en évoquant sa compagnie agréable, son écoute attentive et compréhensive. Puis il ajouta combien son *amitié* tendre, douce, intime, bienveillante, réconfortante lui était précieuse. Il lui prit la main pour poser un baiser dessus. Ils se regardèrent. Hélène crut voir, à travers les lunettes de Jacques qui reflétaient la pâle lueur ambiante, ses yeux scintillant d'une fine couche de larmes. Les deux visages se rapprochèrent ; ils s'embrassèrent pour la première fois. L'étreinte fut ardente et longue. Enfin, ils s'éloignèrent. Hélène se tenait debout, immobile, devant son atelier jusqu'à ce que l'ombre de son ami disparût dans les ténèbres d'une ruelle adjacente.

7

En rentrant un soir d'hiver, Hélène, tout agitée, adressa la parole à Jacques assis sur le canapé de la salle de séjour, en train de lire, Momo à ses pieds.

— Regarde, Jacques, ce que j'ai trouvé. Tu te souviens, il y a deux ou trois ans, je t'ai donné à lire un petit entrefilet de *Libé* sur Midori Yamazaki, la violoniste japonaise… Ma curiosité avait été éveillée par ce qu'elle disait à propos de l'influence décisive de son grand-père quant à sa carrière de musicienne…

— Oui. C'était quand elle a eu le premier prix de… je ne sais quel concours…

— Lis ça, c'est une interview qu'elle a accordée récemment à *Musique et Parole*… Elle dit que son grand-père avait été officier de l'armée de terre, mais que ça ne l'avait pas empêché d'être un grand mélomane… Elle dit ceci : « *Je dois ce que je suis à mon grand-père… autant sinon plus qu'à mon professeur Madame Suzuki…* »

Jacques, qui était plongé dans la lecture d'un

livre japonais de petit format, releva la tête et se saisit du magazine.

— « *Je suis faite de ce que j'ai reçu de mon grand-père.* »

Après avoir lu le titre à voix haute, il parcourut tout l'article en silence.

— Eh oui, fit-il, une violoniste japonaise de vingt-six ans qui parle de son grand-père ancien militaire en ces termes... Il y a là en effet quelques indices troublants... Ça vaut peut-être la peine de creuser...

— C'est ce que je pense moi aussi. Si tu lui écrivais...

— Mais comment ?

— Tu envoies une lettre à son agent. Normalement, il transmet à l'artiste tout ce qu'elle reçoit.

Jacques ne réagit pas à ce qu'Hélène venait de dire ; il resta plongé dans un abîme de souvenirs meurtris et de pensées tristes. Il reprit son livre japonais couché sur les pages ouvertes. C'était un livre avec d'innombrables post-it qui faisaient penser aux cheveux de différentes couleurs se hissant sur la tête d'un personnage de dessin animé, un livre soigneusement protégé avec une couverture en papier marron très abîmée à force d'être touchée et retouchée et sur laquelle étaient écrits au feutre noir deux idéogrammes et huit lettres en *hiraganas**.

* Quarante-six lettres du syllabaire japonais. *Les hiraganas*, au nombre de quarante-six, constituent l'une des deux écritures syllabiques employées dans la langue japonaise.

8

Venu en France à l'âge de onze ans, scolarisé depuis lors dans le système éducatif français, Rei avait perdu l'habitude de parler en japonais. Il avait même perdu, pendant un certain temps, celle de lire et d'écrire dans sa langue. Tout l'effort de l'enfant transplanté dans le contexte français devait consister prioritairement à apprendre la langue du pays d'accueil. Philippe, fidèle aux souvenirs de son ami Yu Mizusawa, protégea son fils adoptif d'un amour tendre et d'une affection bienveillante. Il veilla à ce que l'enfant brutalement privé de son père grandisse le plus sainement possible, tout en sachant par ailleurs que la blessure infligée à son cœur d'enfant resterait ouverte longtemps pour ne pas dire pour toujours, qu'elle ne cicatriserait sans doute jamais complètement. Sa femme Isabelle, de son côté, se sachant atteinte d'infertilité, aima l'enfant japonais et trouva en lui la raison suffisante de son amour maternel.

Philippe et Isabelle Maillard voulurent que leur fils adoptif passât la fin de son enfance et son adolescence en harmonie avec son nouvel environnement, ou en tout cas avec le moins de heurts et de conflits psychologiques possible. C'est la raison pour laquelle, en concertation avec un psychologue, ils attribuèrent à Rei, qui n'avait jamais voulu se séparer du violon abîmé de son père, le prénom Jacques, en pensant au plus grand violoniste français de leur temps, Jacques Thibaud.

— Tu as maintenant, en plus du beau prénom Rei que ton papa, ton *otoosan* t'a donné, le prénom français Jacques. Ton nouveau prénom n'efface pas le prénom japonais qui signifie « politesse, courtoisie », si je me souviens bien de ce que ton *otoosan* m'a dit une fois. C'est bien ça ? Les deux prénoms se soutiennent, se renforcent mutuellement. Tu seras ainsi deux fois plus fort ! Ici, en France, qui est ton nouveau pays, je remplace ton *otoosan* dont je garde un merveilleux souvenir. J'essaierai d'être à sa hauteur…

C'est en ces termes qu'un jour Philippe parla à Rei en français, en introduisant tout de même par-ci par-là des mots japonais afin de s'assurer de sa bonne compréhension. L'enfant, en six mois d'école, avait atteint un niveau de compréhension orale rassurant.

Dès lors, se sentant aimé et protégé par ses parents français, domptant vaille que vaille la peur dissimulée, inavouée, refoulée qu'il portait au fond du cœur, Jacques fit des progrès fulgurants en français à tel point qu'il figura en quelques années parmi les meilleurs élèves de la classe. Et c'est alors que lui revint petit à petit le désir de garder près de lui la langue de son père disparu. Il rouvrit *Dites-moi comment vous allez vivre* de Genzaburo Yoshino, le livre que lui avait justement conseillé son père et qu'il lisait, il s'en souvenait douloureusement comme s'il sortait d'un cauchemar, le jour du drame qui lui enleva son père brutalement et pour toujours. Il relisait inlassablement le livre de Yoshino. Il recopiait dans un cahier d'écolier de couleur verte des mots qui lui plaisaient, des phrases qui sonnaient agréablement à son oreille, et même, parfois, des pages entières qu'il avait envie de souligner. N'ayant personne à qui parler en japonais, Jacques avait pris l'habitude d'écrire dans cette langue. Ainsi son cahier vert était-il d'abord son jardin secret où lui revenait ou remontait ce qu'il avait laissé à Tokyo et ce qu'il en avait conservé quelque part dans une région reculée et obscure de son âme d'enfant. Ce n'est que plus tard, vers l'âge de quinze ans, lorsque la pratique du journal intime se fut bien ancrée en lui comme une sorte de remède à l'obsession de la peur, que Jacques commença à écrire en français également. Ainsi, dans ses successifs cahiers verts – chaque année, il achetait invariablement un cahier d'écolier vert pour cet usage –, les pages françaises étaient-elles parsemées d'écritures japonaises, de *hiraganas* et d'*idéogrammes* plus ou moins compliqués.

9

Le jour où Jacques se décida à écrire à Midori Yamazaki, il n'eut donc pas trop de mal à rédiger sa lettre en japonais. Bien sûr, il écrivait plus facilement et plus vite en français, mais s'exprimer en japonais n'était pas un obstacle majeur. Il n'écrivait assurément pas comme un Japonais qui avait toujours vécu au Japon. Sa connaissance active des idéogrammes était limitée. Devenu français, ayant passé les six septièmes de sa vie en France, il usait désormais de sa langue de naissance comme un étranger en userait. Si le fait de se mouvoir en japonais n'était plus quelque chose de naturel et lui demandait un effort particulier, cela ne lui coûtait pas pour autant. Jacques savait que la violoniste avait séjourné en France pour parfaire sa formation au Conservatoire de Paris ; elle comprenait donc le français très certainement. Il opta cependant pour le japonais. Ce qu'il voulait lui dire concernait la couche japonaise la plus profonde de son existence, *l'événement* de sa vie vécu en japonais soixante-cinq ans auparavant, mais congelé, figé ou pétrifié depuis lors comme si le temps avait été assassiné, s'était coagulé, arrêté définitivement.

Un jeudi soir, Jacques apposa sur la porte d'entrée une feuille blanche sur laquelle il avait écrit : « Fermeture exceptionnelle ». Le lendemain matin, après le petit déjeuner, Rei commença à écrire le brouillon de sa lettre dans son cahier vert qui portait le numéro 65. Il rédigea trois pages d'une seule traite. Il les relut. Il eut envie de modifier certaines phrases, de remplacer des mots par d'autres, plus justes, plus appropriés, de réécrire complètement deux ou trois paragraphes mal ficelés. Le samedi matin, il reprit son brouillon et lorsqu'il eut le sentiment d'être allé jusqu'au bout de son projet épistolier, le soleil d'hiver déclinait déjà. Hélène lui demanda de se reposer. Ils convinrent de s'offrir une séance de thé *matcha*.

— Alors, tu as fini ?

— Oui, presque. Ce n'est sûrement pas une lettre bien écrite. Il y a probablement des fautes et des maladresses ; il n'y a pas beaucoup d'idéogrammes parce que je n'en connais pas tant que ça. Bien des mots sont en *hiraganas*... à commencer par les noms de personnes comme celui du lieutenant Kurokami... Mais enfin, l'essentiel y est, je crois. Je m'arrête là. Je la relirai demain. Et si c'est bon, je la mettrai au propre.

Cette nuit-là, Jacques eut du mal à s'endormir. Hélène s'en aperçut.

Ils se caressèrent longtemps sous la couette avant de tomber dans le sommeil qui les unissait blottis l'un contre l'autre.

10

Après une attente d'environ une semaine qui lui parut interminable, Rei reçut un courriel de Midori Yamazaki qui, à l'instar du rayon X, traversait toute l'épaisseur du temps arrêté.

De : Midori Yamazaki
À : 水澤礼 / Rei Mizusawa / Jacques Maillard
Objet : Merci beaucoup pour votre lettre.
Date : 28 février 2003

Cher Monsieur,

Je vous remercie infiniment de votre longue lettre qui m'a bouleversée.

Oui, mon grand-père maternel s'appelait *Kengo Kurokami*. Il était lieutenant dans l'armée de terre. C'est donc lui que vous avez vu en 1938 dans cette circonstance particulièrement dramatique. Il n'est plus de ce monde depuis 1993.

Je serais heureuse de vous rencontrer. Mais là, je vais partir en tournée aux États-Unis et au Canada pour trois semaines. Je vous recontacterai dès mon retour. Nous pourrons alors essayer de voir les possibilités de notre rencontre.

Merci beaucoup de m'avoir écrit. J'en suis tout émue.

Très cordialement,

Midori Yamazaki

Le message était écrit dans un japonais simple et limpide que Rei n'eut aucune peine à comprendre. Le nom et le prénom de son grand-père étaient écrits en *hiraganas* comme dans la lettre du luthier français. Était-ce l'indice de l'attention délicate témoignant du souci de partager les perceptions auditives de Rei enfant ? Ou avait-elle plutôt songé, en se mettant à la place de l'étrange auteur de la lettre bouleversante, à la difficulté toute particulière que pourrait rencontrer une personne ayant perdu, après son enfance japonaise violemment arrêtée, la pratique de sa langue natale ? Rei éprouva comme une brûlure d'estomac, une chaleur acide, à la fois intense et diffuse, qui vous monte à la gorge. Un énorme bloc d'émotions glacées se mettait à fondre peu à peu sous l'effet de cette chaleur intérieure dormante, semblable à celle d'un ours noir d'Amérique en somnolence hivernale, s'éveillant lentement, s'activant progressivement au fur et à mesure de l'arrivée tant attendue du printemps.

Le temps se défossilisait, recommençait à trembler.

III

Menuetto : Allegretto

1

— Bonjour, Rei Mizusawa…

— Bonjour. Je vous attendais. Entrez, s'il vous plaît.

De ses deux mains, Rei Mizusawa tendit à Midori Yamazaki une carte de visite qu'il avait préparée pour son voyage à Tokyo. La violoniste y jeta un coup d'œil :

— Jacques Maillard, c'est donc votre nom français, si j'ai bien compris.

— Oui, c'est ça. Je travaille sous les deux noms. Merci beaucoup de me recevoir…

Rei était debout dans l'entrée. Il observa que sur le parquet surélevé d'une vingtaine de centimètres était posée une paire de chaussons blancs dirigée vers l'intérieur de l'espace domestique.

— C'est pour vous, dit Midori.

La jeune Japonaise, arborant un sourire accueillant et chaleureux, indiquait du doigt les pantoufles. L'hôte français s'assit alors sur le rebord du parquet pour ôter ses baskets qu'il posa ensuite l'une à côté de l'autre sur le sol carrelé du vestibule.

Il fut introduit dans une grande pièce dont deux murs de haut en bas étaient tapissés de livres et de partitions. Au milieu régnait un piano à queue à côté duquel étaient placés un canapé et deux fauteuils de couleur jaune jonquille.

— Asseyez-vous, mettez-vous à l'aise.

Rei posa sur le parquet sa serviette en cuir et un étui à violon de couleur bordeaux qu'il portait comme un sac à dos. Quelqu'un frappa à la porte. Une femme d'une cinquantaine d'années en kimono entra, portant un plateau rond avec dessus trois tasses de thé.

— Ma mère.

— Enchantée, je m'appelle Ayako Yamazaki. Ma fille m'a beaucoup parlé de vous et de votre lettre. Elle me l'a fait lire d'ailleurs. J'étais impatiente de vous rencontrer.

— Ah, un bon parfum de *genmaïcha* (thé vert mélangé à des grains de riz grillés) ! Merci beaucoup.

— Vous le connaissez ? demanda Mme Yamazaki sur un ton un peu surpris.

— Oui, avec ma compagne, nous buvons beaucoup de thé..., du *genmaïcha* aussi.

— Si je me rappelle bien votre lettre, vous n'êtes jamais revenu au Japon depuis..., demanda Midori.

— Non, c'est la première fois. Après soixante-cinq ans d'absence... J'ai soixante-seize ans. Je suis devenu un vieil homme.

— Vous aviez donc onze ans, quand ça s'est passé…

— Oui.

— Et depuis cet âge-là, vous vivez en France…

— Oui, j'ai été adopté par un ami français de mon père. J'ai grandi en France.

— Mais c'est étonnant, observa Mme Yamazaki, que vous parliez japonais comme ça naturellement, alors que vous n'avez plus vécu au Japon depuis si longtemps.

— Oh non, madame, ça doit être un peu bizarre, ma façon de parler…

— Vous êtes quelqu'un d'*ailleurs*, ça s'entend. Mais ça ne gêne nullement la communication…

— Mon japonais oral s'est congelé en quelque sorte quand j'ai cessé de vivre au Japon. Par contre, j'ai continué à lire… à beaucoup lire. C'est sans doute la lecture qui m'a permis d'entretenir mon japonais… Plus tard… quand je suis devenu luthier… j'ai fini par avoir des relations avec pas mal de musiciens japonais… ce qui m'a donné l'occasion de pratiquer assez souvent la langue…

Rei parlait lentement d'une voix grave, sur un ton paisible et assuré, en s'interrompant par moments.

— Vous êtes donc la petite-fille du lieutenant Kurokami…

— Eh oui.

— …

Le vieux visiteur français fut obligé de prendre le temps de souffler avant de poursuivre la conversation.

— Je n'aurais jamais imaginé que je rencontrerais un jour sa petite-fille, vous vous rendez compte ?

— C'est tout de même une destinée extraordinaire que la vôtre, affirma Ayako Yamazaki sur un ton d'émerveillement.

— Parlez-moi de votre père, de votre grand-père. Vous savez, ma rencontre avec lui fut d'une telle fugacité et sans paroles… Ça a duré à peine quelques dizaines de secondes. Mais je me rappelle parfaitement le vague sourire qu'il m'a adressé en me donnant le violon détruit de mon père. Après le départ de tout le monde, de mon père, des amis de mon père, et des soldats, seul votre grand-père est resté… Et quelqu'un l'a appelé à ce moment-là en criant son nom… j'ai cru comprendre qu'il s'agissait de Kurokami. J'ai retenu ce nom sans peine. Il a été gravé dans ma mémoire, une fois pour toutes, en lettres ineffaçables, associé à l'idée de « cheveux noirs »…

La jeune musicienne regarda sa mère d'un air souriant et mystérieux comme si elle l'incitait à parler.

— En fait, « Kurokami » veut dire « dieu noir », pas « cheveux noirs », dit Mme Yamazaki.

— Ah oui ? « *Kami* », c'est le « *kami* » de « dieu » ? Ça alors ! dit Rei, estomaqué.

— C'est un nom de famille extrêmement rare. C'est dans le département d'Hiroshima, paraît-il, qu'il y a une forte concentration de « Kurokami ». Et mon père était d'Hiroshima…

— Vous avez entendu parler de Miyajima…,

ajouta Midori. C'est un site touristique très connu avec un grand portique *torii* dans la mer… Eh bien, au-delà de cette île extrêmement visitée, il y en a une autre inhabitée qui s'appelle « l'île de Grand Dieu Noir »…

— J'étais persuadé que ça voulait dire « cheveux noirs ». Je n'ai pas pensé une seconde à la possibilité de « dieu noir ». C'est normal quand on ne sait pas, me semble-t-il : l'union de « noir » et « dieu » est improbable, n'est-ce pas ? En tout cas, inattendue pour moi. Si je l'avais su, j'aurais été encore plus frappé, très certainement.

— C'est un petit bouleversement qui se produit dans l'image que vous vous étiez faite de mon grand-père…

— Ah oui ! Incroyable… Celui que j'ai entrevu à travers la pénombre de l'armoire-cachette, c'était donc un *Dieu Noir* ! cria Rei, quittant son calme habituel. Un *Dieu* dans le *Noir*, un *Dieu* surgi du cœur le plus *Noir* des ténèbres, de la *Noire* obscurité cauchemardesque…

Puis il murmura. Il se parlait à lui-même.

— J'ai été sauvé par lui… comme le violon de mon père d'ailleurs…

Puis il se tut.

Il regardait dans le vide.

2

C'était une belle journée de mai comme il y en a peu à Tokyo, ni trop chaude ni trop froide, sans humidité, baignée d'une lumière vive, parée d'une verdure luxuriante, bercée par une brise légère et caressante. Rei était venu chez Midori Yamazaki vers dix heures et demie. Le visiteur français et les deux hôtesses s'attardèrent sur le nom du lieutenant et sur la puissance évocatrice des idéogrammes attachés aux noms japonais. Le temps passa sans qu'on y fît attention. Il était presque midi.

— Vous n'êtes pas pressé, j'espère, monsieur Mizusawa. Vous allez déjeuner avec nous… Nous sommes libres toute la journée aujourd'hui. Nous voulons la passer avec vous, si cela ne vous ennuie pas.

— Avec plaisir, madame. Je suis venu au Japon uniquement pour vous rencontrer. Je n'ai rien d'autre à faire…

— Alors, je vous laisse tous les deux. Je vais

m'occuper de la cuisine… C'est presque fait. J'en ai pour un quart d'heure. À tout de suite.

Après un moment de silence, Rei parla le premier.

— Je vous ai écrit dans ma lettre que c'était l'interview que vous aviez accordée au magazine *Musique et Parole* qui était à l'origine de ma démarche…

— Oui. Ce qui a retenu votre attention, c'est ce que je dis au sujet de mon grand-père…, c'est ça ? « *Je suis faite de ce que j'ai reçu de mon grand-père…* »

— Oui, c'est ça, c'était le gros titre de l'interview. Et ce qui était décisif, c'est le fait que votre grand-père avait été officier de l'armée de terre… alors là, je ne pouvais plus rester indifférent…

— Je comprends…

— En réalité, c'est ma compagne Hélène qui a eu une intuition assez extraordinaire. Elle est archetière et connaît toute mon histoire, bien sûr.

— Votre femme est archetière ! C'est extraordinaire, vous formez un couple, comme le violon et l'archet !

— Oui, si vous voulez. Nous avons fait notre apprentissage en même temps.

— Où ça ?

— Dans une petite ville qui s'appelle Mirecourt, en Lorraine…

— Mirecourt ! Je connais ! s'écria la violoniste japonaise.

— Ah oui ? C'est de l'histoire ancienne…

Le luthier se tut et resta songeur quelques instants. Puis il poursuivit :

— Hélène a été très sensible, dès les premiers indices, au lien secret et invisible qui m'unit à vous. Par exemple, quand vous avez décroché le premier prix au Concours international Ludwig van Beethoven, elle m'a montré un petit article sur vous qu'elle avait trouvé dans *Libération*. Ce qui lui avait fait signe, c'était justement l'importance que vous accordiez au rôle d'éducateur de votre grand-père…

Mme Yamazaki réapparut.

— Passons à table !

La salle à manger se trouvait de l'autre côté du couloir. Rei suivit Midori qui parlait à sa mère sur un ton ému :

— Sa femme est archetière, ils ont étudié ensemble à Mirecourt !

— À Mirecourt ! Ça alors, répondit Ayako à petite voix.

C'était une salle de séjour ouverte sur la cuisine. Sur la grande table rectangulaire où l'on pouvait être facilement huit étaient posés trois couverts.

— J'ai fait très simple, une cuisine familiale que vous n'avez peut-être pas l'occasion de goûter en France… C'est du porc pané avec du chou finement coupé…

— Ah, c'est du *tonkatsu* ! avec de la *misoshiru* ! Ça fait si longtemps que je n'en ai pas mangé…

— Mais il y a des restaurants japonais à Paris…

— Oui, bien sûr. Mais justement, pour la cuisine familiale, il n'y en a pas tant que ça. Et quand bien même, on ne pourrait pas y aller tous les jours ! Vous savez, ça fait si longtemps que j'ai quitté le Japon que la cuisine japonaise ne fait pas du tout partie de mon quotidien… D'où le plaisir immense que vous me faites !

— Ce n'est vraiment pas grand-chose, monsieur Mizusawa…

— *Itadakimasu*, dit Rei en esquissant une légère courbette et en joignant machinalement les mains…

Midori et sa mère lui firent chorus.

— Vous faites une prière avant de commencer à manger ?

— Non. Pourquoi ? Je n'ai pas de religion…

— Parce que vous avez fait ce geste, dit Midori en joignant les mains à son tour.

— Ah oui, j'ai fait ça ? C'est étrange, je ne le fais jamais quand je mange chez moi…

— …

— Euh, c'est un délice absolu, madame Yamazaki ! s'exclama le visiteur français en goûtant une première gorgée de soupe *miso*.

— Merci. Je suis heureuse que vous appréciiez… C'est peu de chose pourtant…

Un silence s'instaura. Midori lança un regard furtif sur le luthier.

Rei venait de goûter un premier petit morceau de viande de porc pané. Puis il versa un peu de *shoyu*, sauce de soja, sur un *tsukemono*, fine tranche de concombre macéré dans du sel. Lorsqu'il mit cette forme ovale dans sa bouche, le temps le ramena dans un mouvement absolument incontrôlable vers le Rei Mizusawa de onze ans qu'il avait été, celui qui prenait son petit déjeuner, un matin d'automne de l'année 1938, assis sur des tatamis en face de son père autour d'une petite table ronde. Il s'absenta de la compagnie des deux femmes pour se laisser entraîner dans les dédales de ses souvenirs lointains. Il voyait alors apparaître son père en tablier de cuisine en train de s'affairer à la confection de petits plats. Soudain, il ouvrit la bouche pour demander à Ayako Yamazaki :

— Pourrais-je avoir un œuf ?

— Un œuf ?

— Oui, un œuf. Excusez-moi, c'est très impoli de ma part…

Rei poursuivit comme un somnambule.

— Je crois que j'ai mangé un *namatamago* (œuf cru) ce jour-là… J'ai subitement envie de verser dans ce riz tout chaud un œuf cru battu et mélangé avec de la sauce de soja… On dirait que c'est ce bon riz associé au goût du *tsukemono* qui m'emporte brusquement vers le sombre territoire de mon enfance révolue. Oui, ce matin-là, j'ai mangé un *namatamago* pour le petit déjeuner, ce dimanche-là, en 1938, le jour où mon père disparut à jamais de mes yeux…

Rei chuchotait tout seul sans se soucier de la présence des deux femmes. Midori avait l'impression que le corps du vieil homme était habité par quelqu'un d'autre. Sa mère, intriguée et même un peu soucieuse, revint de la cuisine avec un œuf à la coquille blanche posé dans un petit bol en porcelaine.

3

Rei cassa l'œuf et le battit énergiquement. Puis il y ajouta l'équivalent d'une petite cuillerée de sauce de soja. Enfin, il versa le tout sur son riz qu'il remua ensuite avec ses baguettes.

Midori et sa mère regardaient le vieil enfant manger son riz à l'œuf cru. C'était comme une liturgie profane qui se déroulait devant leurs yeux sans qu'elles pussent y prendre part.

— Ça ne te rappelle pas quelque chose ? demanda Midori à sa mère.

— Bien sûr que si.

— Merci beaucoup, dit Rei sur un ton assuré comme s'il venait de se réveiller d'un rêve.

— Ça fait longtemps que vous n'avez pas mangé de riz à l'œuf cru ?

— Oui, ça fait vraiment longtemps… C'est bien la première fois depuis ce petit déjeuner que j'ai pris ce jour-là avec mon père… Vous m'excuserez de cette impolitesse… Je sentais dans le dos comme une main toute froide, toute tremblante qui me poussait, qui m'emportait ! Je me suis laissé faire…

— Je vous en prie, monsieur Mizusawa, répondit Ayako Yamazaki en regardant sa fille.

Ce fut alors à Midori de continuer :

— Je crois comprendre ce qui s'est passé en vous au contact de ces goûts que vous avez connus enfant et que vous avez perdus au cours de votre vie en France. Et, sans le savoir, vous m'avez permis de penser à mon grand-père pendant votre petite escapade hors du moment présent…

— Comment ça ?

— Je laisse ma mère vous le raconter puisqu'elle s'est souvenue de son père… elle aussi… quand elle vous a vu renouer contact magiquement avec vous-même, avec celui que vous étiez à l'âge de onze ans à Tokyo…

C'est ainsi qu'Ayako Yamazaki commença à faire le récit d'un voyage en Europe que Kengo Kurokami avait tenu absolument à faire à l'âge de quatre-vingt-neuf ans.

— Mon père était veuf depuis quatre ans et il pressentait certainement l'approche de sa propre mort. Mais cela ne l'a pas empêché d'entreprendre son unique et dernier voyage à l'étranger. Il m'a fait part de son souhait. J'en ai parlé à mon mari qui a accepté de grand cœur le projet de son beau-père. Je crois que mon père voulait montrer à sa petite-fille de douze ans le berceau de la musique qu'elle étudiait tous les jours. Soutenu donc par sa fille et son beau-fils, Kengo

Kurokami, mon père ou votre *Dieu Noir*, a eu le courage, malgré son grand âge, d'accomplir un voyage de deux semaines en Europe en 1987. Nous avons visité plusieurs villes européennes où la musique avait une place prépondérante dans la mémoire collective : nous sommes allés d'abord à Berlin ; de Berlin, nous sommes passés à Prague ; de Prague à Vienne ; de Vienne à Milan. Après Milan, ce fut le tour de Crémone où nous avons admiré le Musée du violon. Après la capitale italienne de la lutherie, nous nous sommes rendus à Mirecourt justement, avant de rentrer à Tokyo après une halte de deux jours à Paris. Il tenait à ce que nous allions à Mirecourt en plus de Crémone... Nous ne connaissions que Crémone, mon mari et moi... « Pour la lutherie, Crémone, ça ne suffit pas ? » lui avais-je demandé. Non, il fallait impérativement aller à Mirecourt !

Le souvenir réveillé dans le cœur de Midori et dans le mien par votre œuf cru est celui d'un événement survenu précisément à Mirecourt. Mon père, après avoir mangé à l'européenne pendant plus de dix jours, en était arrivé à être dégoûté des repas au restaurant et il ne pouvait plus rien avaler. Il lui fallait cependant se nourrir. Nous sommes entrés dans le seul restaurant chinois de la ville. J'ai commandé pour lui une soupe aux vermicelles en pensant qu'elle était proche de ses préférences gustatives. Il n'avait jamais connu autre chose que la saveur simple et légère de la cuisine de son pays. Même la soupe de vermicelles ne passait pas. C'est alors que mon père s'est adressé lui-même au serveur dans un français improvisé :

« Euh… riz… blanc et… euh… un œuf… s'il vous plaît… »

Surpris par la bizarrerie de la demande, le serveur a interrogé mon père :

« Un œuf comment, monsieur ? »

« Un œuf !… comme ça… Un œuf ! »

À ce moment-là, mon mari, qui avait d'emblée deviné les intentions de son beau-père, a pris la parole en anglais pour préciser qu'il s'agissait simplement d'un œuf cru. Au bout de deux ou trois minutes, le gentil serveur a apporté un bol de riz et un œuf tout blanc qu'il a posé devant son étrange client. Intrigué, le cuisinier coiffé d'une toque de chef est venu voir la tête du vieux monsieur. La présence du cuisinier attira l'attention des clients attablés. Le serveur, le cuisinier, les clients, tous se demandaient ce que le vieux Japonais allait faire de sa commande inédite. Il a dit alors, à voix basse, quelques mots à mon mari. Celui-ci, un peu gêné, a demandé au serveur d'apporter un petit bol à son beau-père.

Le serveur a disparu ; il est aussitôt revenu avec un bol vide qu'il a tendu au vieil homme.

« Merci beaucoup, monsieur ! »

Mon père a cassé l'œuf dans le bol et l'a fouetté énergiquement avec ses baguettes. Il a pris le flacon de sauce de soja pour en mettre un peu dans l'œuf qu'il a remué ensuite à nouveau. Puis il a versé ce mélange jaune et marron sur le riz. Il a murmuré quelques mots que je n'ai pas bien entendus. Enfin, il a avalé en quelques minutes son bol de riz à l'œuf cru battu et assaisonné à la sauce de soja. Lorsqu'il a eu fini son plat improvisé, il a joint les deux mains et s'est incliné légèrement. Le chef est retourné dans la cuisine ; le serveur a repris son mouvement habituel de va-et-vient ; les clients se sont concentrés sur ce qu'ils mangeaient ou sur la commande qu'ils allaient passer. Les plats arrivaient sur notre table. Alors Midori a demandé à son grand-père :

« C'était bon, grand-père ? »

« Ah oui, Midori *chan* (ma petite Midori). »

« On dirait que c'est la première fois que tu manges quelque chose de bon depuis qu'on est partis de Tokyo ! »

« Ben... je crois que tu as raison. C'est la première fois que j'ai mangé quelque chose avec plaisir depuis que nous sommes en Europe. Tu sais, Midori, je suis un vieil homme. Mon estomac n'accepte plus les bonnes choses des pays que tu as visités. Mais je ne regrette pas d'être là avec toi, même si j'ai un peu souffert à cause de la nourriture. Je ne le regrette pas du tout. Bien au contraire, je suis très heureux d'avoir vu l'Europe avec toi. Parce que la musique que tu étudies est née là... Puis on a vu des violons à Crémone et ici à Mirecourt ! C'est merveilleux, ces gens qui font des violons et des archets... Pour que la musique parvienne jusqu'à nous, il faut des compositeurs qui créent la musique. Il faut des interprètes, des instrumentistes, par exemple des violonistes qui la réalisent, mais il faut aussi des gens qui fabriquent leurs instruments, leurs violons et leurs archets. Il faut le concours de ces trois catégories... euh... trois groupes de personnes... Sinon, pas de musique, tu vois. N'est-ce pas merveilleux ? N'oublie pas ça, Midori *chan*... Moi, je me souviendrai longtemps de Mirecourt... »

Le lendemain matin, nous avons quitté la petite ville lorraine pour Paris où nous devions assister à un concert de Yehudi Menuhin interprétant le concerto pour violon et orchestre de Beethoven.

Rei tressaillit au nom de Menuhin.

Il regarda les deux femmes.

Se remémorant la scène du restaurant chinois, il s'efforçait d'imaginer l'émotion qui s'était emparée du cœur de l'octogénaire, venu de l'autre bout du monde dans la ville de Jean-Baptiste et Nicolas François Vuillaume pour la montrer à sa petite-fille. Il se sentait secoué par une ténébreuse force silencieuse qui montait de ses entrailles. Pourquoi *Dieu Noir* avait-il décidé d'aller à Mirecourt, ville si peu connue, si marginale comparée à Crémone ?... Son père lui avait-il précisé, ce jour-là, que son violon était de Nicolas François Vuillaume, originaire de Mirecourt ? Rei voltigeait d'une question à une autre, d'une conjecture à une autre, d'une supposition à une autre. Se débattant ainsi dans les incertitudes, il finissait par se désoler. Il se rendait trop bien compte que tous les cœurs du monde, retirés dans leur solitude intranquille, étaient semblables à des monades impénétrables, repliées sur elles-mêmes ; qu'ils étaient finalement comme tous les corps du monde séparés les uns des autres, si douloureusement étrangers les uns aux autres.

4

Ils venaient de finir leur repas. Ayako prépara du thé vert et en versa dans trois tasses d'apparence rustique, de forme irrégulière.

— Ces tasses ont été faites par un ami potier qui habite dans un coin perdu du Tohoku. On les aime beaucoup.

— C'est très beau, ça me plaît énormément.

— C'est quelqu'un qui se consacre entièrement à la recherche du beau en poterie, poursuivit Ayako. Il fait de la poterie en dehors de toute considération commerciale. Bien sûr, il fait des petites choses pour vivre, des tasses à thé ou des vases, par exemple. Il en fait juste ce qu'il faut pour survivre. Le reste du temps et de son énergie est réservé à l'interminable processus de perfectionnement de son art... Il est radical et sans concession là-dessus. Ces tasses, ce sont des cadeaux.

— Je crois comprendre votre ami. Quand on a le sentiment d'avoir vraiment réussi à faire quelque chose, on ne veut pas le soumettre au circuit commercial. Le sentiment d'une grande réussite est plutôt rare chez moi. Mais ça m'est quand même arrivé une ou deux fois… À propos de M. Kurokami, je voulais vous poser quelques questions.

— Oui, mais je ne suis pas sûre de pouvoir y répondre. C'était quelqu'un qui parlait peu, qui ne parlait pas de lui. Ma mère le disait souvent : « Pourquoi il ne parle pas ?! Ce n'est pas drôle de vivre avec quelqu'un qui ne parle pas ! » Le peu de choses que je sais du passé de mon père, ça vient de ma mère, pas de lui.

— Ah oui ? Alors c'était une personne plutôt sombre, mélancolique ?

— Oui. Tout à fait. Ma mère se plaignait du caractère taciturne et renfermé de mon père, mais elle disait aussi : « Il faut le comprendre. Toute sa famille a été tuée à Hiroshima par ce monstrueux champignon… »

— Toute sa famille !

— Oui, ses parents, ses grands-parents, sa sœur et son mari, leurs enfants, son petit frère… enfin tous calcinés… Lui, il était officier de l'armée de terre. Il vivait à Tokyo. Il a donc échappé à cette catastrophe… Quelques jours après la date fatidique du 6 août, il est allé à Hiroshima… Et là, évidemment, il a vu les horreurs… dont il n'est jamais revenu… dont il n'a jamais parlé…

— La guerre s'est terminée en août 45. Qu'est-ce qu'il est devenu après ? L'armée, c'était fini. Qu'est-ce qu'il a fait comme travail ?

— Il a trouvé un emploi d'ingénieur dans

une entreprise de fabrication de nickel. Il y est resté jusqu'à la retraite. D'après ma mère, une fois, il a essayé d'avoir une place chez un éditeur spécialisé dans la musique classique, mais ça n'a pas marché.

— Il s'est marié en quelle année ?

— En 46. Et je suis née en 48.

— M. Kurokami était un grand mélomane, n'est-ce pas ? Qu'est-ce qu'il aimait particulièrement comme musique ? Quelles étaient ses préférences ?

— Il aimait beaucoup Mozart et Beethoven. Mais il s'intéressait à d'autres périodes aussi. Disons qu'il écoutait avec plaisir la musique de Monteverdi à Chostakovitch. Parmi les compositeurs du XXe siècle, il aimait surtout Bartók et Berg. Il admirait beaucoup le concerto pour violon de Berg : « À la mémoire d'un ange » et son opéra *Wozzeck*. Il disait : « J'espère qu'un jour Midori jouera ce concerto… »

— Mais…

Midori coupa la parole à sa mère.

— Ce qu'il aimait par-dessus tout, c'était quand même les quatuors à cordes. En particulier ceux de Mozart, Beethoven et Schubert… Je me souviens de ce qu'il m'a dit un jour : « C'est l'exact contraire de ce que je déteste le plus : la musique militaire. »

— La musique de l'armée ?

— Oui. La musique qui servait à *transformer les soldats en têtes de bétail* comme il disait. La musique militaire qu'il ne pouvait pas ne pas entendre dans l'armée était pour lui le dévoiement de la musique. Au lieu d'être le lieu d'une expérience personnelle intérieure, l*a musique militaire enlevait à l'homme son essence individuelle.* Ce sont ses propres mots… Il abhorrait la musique militaire. Je crois qu'il avait besoin de s'immerger dans la musique pour effacer en lui toutes les traces de la musique dépravée.

— Peut-être qu'il se réfugiait, remarqua le luthier, dans la solitude de la musique pour s'opposer à l'emballement collectif que la musique militaire accompagnait et renforçait.

— C'est ça. Quand il rentrait de son travail le soir, son premier geste consistait à mettre des disques : il écoutait des quatuors, les six quatuors de Mozart dédiés à Haydn ou les derniers quatuors de Beethoven. Régulièrement, il traversait une période pendant laquelle il écoutait obsessionnellement *Rosamunde* et *La Jeune Fille et la Mort.* Il aimait aussi Bach. Il écoutait inlassablement ses *Sonates et Partitas pour violon seul* dans plusieurs versions différentes.

— Il aimait vraiment les cordes…

— Ça, oui. Il a poussé sa passion pour les cordes jusqu'à vouloir faire de sa petite-fille une violoniste…

Midori riait, puis reprit :

— Il se réfugiait dans la musique, comme vous dites… Non, se réfugier n'est peut-être pas le bon mot.

Elle s'empressa de se corriger et continua après un moment d'hésitation :

— Il avait des rapports extrêmement intenses avec la musique. C'était quelque chose d'absolument indispensable à l'équilibre de son psychisme… qui a été singulièrement fragilisé par la guerre. Il ne m'a jamais parlé de sa vie de militaire, de ce qu'il avait vécu dans l'armée, sauf une fois. De la folie collective que la musique militaire exaltait à outrance, il n'avait gardé qu'un souvenir cauchemardesque, je crois…

Midori ébaucha un sourire teinté de tristesse devant lequel Rei ne put prononcer un mot.

La violoniste poursuivit :

— Il m'a donc dit une fois, une seule fois… c'était tellement exceptionnel que ça m'est resté. Il m'a parlé comme à un absent ou comme s'il se parlait à lui-même : « On a commis des atrocités… Tous les actes, même les plus barbares, les plus inhumains, se justifiaient au nom de l'empereur… Plus jamais ça, plus jamais. J'ai honte d'avoir été lieutenant de l'armée de terre… J'ai honte d'avoir survécu… » Après cet aveu brusque et inattendu, il a sombré dans un état d'absence méditative…

— C'est tout à fait compréhensible de la part de quelqu'un qui a perdu toute sa famille dans la guerre et à cause de la guerre.

Rei se mit à parler tout bas, d'une voix d'outre-tombe, comme s'il dialoguait avec quelqu'un qui habitait en lui :

— Le lieutenant Kurokami était un rescapé de la bombe atomique, si j'ose dire. C'était un mort-vivant ou un vivant-mort… Quelqu'un qui était mort une fois et qui continuait à vivre… ou quelqu'un qui était vivant mais qui vivait comme un mort… Comme les rescapés d'Auschwitz… peut-être. Je suis un peu comme ça moi aussi… Non, j'exagère. C'est indécent, ce que je dis…

Il y eut un moment de silence.

— … mais la guerre m'a privé de toute ma famille, c'est-à-dire de mon père… puisque ma famille n'était composée que de mon père. Nous n'étions que deux. Il avait perdu ses parents très jeune. Il avait perdu sa femme quand j'avais trois ans. Les parents de ma mère ne se sont apparemment jamais remis de la disparition prématurée de leur fille. Ils sont décédés d'un cancer l'un après l'autre quand j'avais huit ans et neuf ans… J'ai grandi au milieu d'une hécatombe…

Un silence de pierre s'installa, beaucoup plus long que le précédent.

— …

— Oh, pourquoi je dis ça, excusez-moi…

Rei saisit sa tasse et finit en une seule gorgée le thé qui était tout froid.

— Je vais faire chauffer de l'eau, dit Ayako Yamazaki en se levant.

— Savez-vous pourquoi M. Kurokami a tenu à aller à Mirecourt en plus de Crémone ? Il vous en a dit la raison ? La splendeur de Crémone est intacte, tandis que la gloire de Mirecourt s'est étiolée aujourd'hui… Alors pourquoi ?

— C'est vrai, c'était une ville tristounette…

un peu déprimante..., répondit la mère de la violoniste.

— ... alors qu'au XIXe siècle c'était une ville prospère qui comptait, paraît-il, jusqu'à six cents luthiers ! Je l'ai su après..., ajouta Midori.

— Eh oui, quel déclin ! fit Rei.

— Je crois qu'il a voulu tout simplement me faire connaître le grand centre de la lutherie française... Je me souviens de ce qu'il m'a dit quelques années après ce voyage. Il fallait que je connaisse Crémone puisque c'est la ville de Stradivari, d'Amati, de Guarneri. Quant à Mirecourt, elle s'imposait étant donné l'importance de la famille Vuillaume... Il me disait souvent : « Il n'y a pas que les Italiens. En France, il y a Vuillaume ! Jean-Baptiste et Nicolas François ! »

5

Ayako revint avec la théière remplie d'eau chaude. Lorsqu'elle commença à mettre du thé dans les trois tasses, Rei lui adressa la parole.

— M. Kurokami est décédé en…

— 1993. Six ans après notre voyage mémorable en Europe. Une période de deuil… très difficile… En 95, une crise cardiaque emportait mon mari, répondit Ayako.

— … La dernière période de la vieillesse de votre père a été paisible ?

— Il a vécu les trois dernières années de sa vie dans un établissement adapté à son état physique et mental. Après le voyage en Europe, il a été atteint très rapidement d'une démence sénile. Au début, on s'arrangeait à la maison. Mais à partir d'un certain moment, c'est devenu extrêmement difficile. Il marchait péniblement. Il fallait constamment le surveiller pour qu'il ne tombe pas, pour qu'il ne fasse pas de bêtise. Midori était souvent absente à cause de ses études : elle allait au Conservatoire tous les jours, même si elle n'avait pas de leçons… Quant à moi, travaillant à mi-temps, je ne pouvais pas être là en permanence. D'où la solution de la maison de retraite, un peu malgré moi.

— Mais, maman, c'était *la* solution ! Grand-père était très heureux là-bas, j'en suis persuadée. Comme on allait le voir souvent et régulièrement, il croyait être chez lui !

— Pas toujours. Je dirais plutôt qu'il ne savait pas où il était… La mémoire, la temporalité et la perception des lieux étaient profondément déstructurées… Il oubliait les événements tout récents… Il n'arrivait pas à retenir les noms du personnel soignant et des autres pensionnaires… Il me demandait des nouvelles de ses parents morts à Hiroshima. Il se morfondait en voyant que sa femme, décédée des années auparavant, n'était pas encore rentrée. Les différentes époques étaient mélangées dans sa tête… C'était difficile de suivre sa logique… J'acceptais tout de sa part. Je ne le contredisais pas. Ça ne servait à rien de le contredire…

Midori écoutait sa mère donner les détails de la vie de son grand-père dont certains lui étaient inconnus. Lorsque sa mère eut fini de parler, elle prit la parole à son tour.

— Les troubles de la mémoire et du raisonnement étaient parfois si forts que j'étais incapable de soutenir la conversation… Tu te souviens, maman, il entrait de temps en temps dans de grands délires. De plus en plus souvent d'ailleurs à la fin. Alors là, on ne comprenait rien à ce qu'il disait… Il fallait lui dire oui, oui… simplement.

— Oui, il lui arrivait de répéter à longueur de journée : « Je n'ai rien pu faire, je n'ai rien pu faire… »

— Il disait aussi : « Qu'est-ce qu'il est devenu, mon garçon ? », alors qu'il n'a eu qu'une fille qui est ma mère… Dans ces moments de trouble, la seule chose à faire, c'était d'écouter de la musique ensemble. Après de nombreux essais, j'ai fini par comprendre que c'étaient surtout les *Sonates et Partitas pour violon seul* de Bach et les quatuors de Schubert qui arrivaient à l'apaiser…

— C'est vrai que c'était magique ! Selon le conseil de Midori, je passais souvent ces CD, quand j'allais le voir. Et chaque fois, il me disait : « Ah, ça fait longtemps que je voulais écouter ça ! », même si c'était la même musique que la veille.

Écoutant, tête baissée, la jeune violoniste et sa mère évoquer la dernière phase tourmentée de la vie du lieutenant Kurokami, Rei imaginait ce qui se passait dans le for intérieur de l'ancien officier de l'armée de terre et du rescapé d'Hiroshima au moment même où, dans sa chambre de pensionnaire, il prêtait l'oreille à cette musique des cordes douée d'une singulière vertu lénifiante. Il ferma les yeux. Il resta ainsi immobile pendant de longues secondes comme un moine qui cherche à faire le vide dans son cœur. Midori s'inquiéta.

— Ça va bien, monsieur Mizusawa ?

Midori et Ayako se regardèrent.

— Ça va, monsieur Mizusawa ?

— Oui, oui… Excusez-moi, j'étais ailleurs… Vous savez, ce dimanche-là, avant d'être arrêtés par les militaires, mon père et ses amis chinois répétaient *Rosamunde* de Schubert. Je ne me rappelle pas si je vous l'ai dit dans ma lettre…

— Non, vous n'en parlez pas… Enfin, je ne crois pas que vous m'ayez donné ce détail…

— Je savais que c'était un quatuor à cordes, mais je ne savais pas exactement de quelle œuvre il s'agissait. C'est Philippe, mon père adoptif français, qui m'a appris que c'était *Rosamunde* de Schubert. Ce jour-là, il est venu voir mon père. Mais, à cause de la répétition justement, ils n'ont pas pu parler. Ils se sont donc donné rendez-vous pour le soir. Philippe est parti rapidement. Il a eu le temps néanmoins d'assister au tout début de *Rosamunde*. Il a entendu, peut-être pas le premier mouvement en entier, mais une bonne partie de l'*Allegro ma non troppo*… Il m'a toujours dit qu'il avait gardé une émotion vive de ce moment. C'est comme ça, voyez-vous, que je sais que l'œuvre qu'ils travaillaient était *Rosamunde*.

— C'est une musique sublime ! s'émerveilla Midori.

— … Il y a un autre morceau que mon père a joué… en solo… après l'arrivée des soldats… J'étais dans l'armoire… Je tremblais… Mais j'ai quand même osé regarder à plusieurs reprises par le trou de la serrure… Les soldats étaient là, immobiles, face à un supérieur, grand, svelte, qui était votre grand-père, assurément… Le violon de mon père était par terre, détruit… On l'avait piétiné…

— Ça, c'est terrible ! Vous ne pouvez pas vous imaginer combien ça m'a fait mal, quand j'ai appris que le violon de votre père avait été foulé aux pieds par un militaire… C'est inimaginable !

— Oui, c'est horrible… Mais un homme est capable de tuer un autre homme… Il n'y a rien d'étonnant à ce qu'il soit aussi capable de démolir un violon… un simple violon. Ça se conçoit…

— Je suis sûre que pour votre père son violon était comme une partie de lui-même, de son corps…

— Certainement… oui, certainement… Bref, à un moment donné, on a demandé à mon père de jouer quelque chose… C'était M. Kurokami à coup sûr, je ne vois personne d'autre… Alors, il a joué un morceau, un morceau très court… sans nul doute avec le violon du violoniste chinois puisque le sien n'était plus utilisable… Ça a duré à peine trois ou quatre minutes… Quel était ce morceau ? Je ne pouvais pas le savoir. Qui a entendu cette musique à part moi ? Votre père… qui n'est plus de ce monde ; les soldats qu'il est impossible de retrouver et qui ne sont plus là… très certainement ; enfin les trois musiciens chinois que je n'ai jamais revus depuis… Pas de témoin par conséquent. Je n'avais donc aucune idée de ce que pouvait être ce petit morceau… jusqu'au jour où j'ai eu une sorte d'illumination à l'écoute de la *Gavotte en rondeau* dans la troisième *Partita pour violon seul* de Bach.

Rei cessa brusquement de parler. Une houle d'émotion qui lui montait à la poitrine l'obligea à s'arrêter un instant et à reprendre son souffle.

— C'est extraordinaire, la musique de Bach a fait fondre toute l'épaisseur du temps ! s'exclama Midori.

En guise de réponse, Rei leva les yeux vers le plafond en ouvrant les bras…

— C'était en 1972 ou 73, continua-t-il, peu après mon installation à Paris. Vous savez, au cours de ma formation de luthier, j'ai écouté énormément d'enregistrements de musique pour violon. Au début, ce n'était pas terrible avec les disques 78 tours, mais dès l'arrivée de l'ère du microsillon, j'ai essayé de me familiariser avec la sonorité des plus grands interprètes. Un jour, j'écoutais un disque de Menuhin interprétant les *Sonates et Partitas pour violon seul* de Bach. Et quand le moment de la *Gavotte en rondeau* est arrivé, il s'est passé en moi quelque chose d'étrange : j'ai cru entendre à travers le phrasé sculpté de Menuhin le violon de mon père. La distance de plus de trente ans s'était abolie brusquement comme si mon père jouait devant moi… Je pense que ce jour-là, juste avant d'être emmené au commissariat de la Police militaire, il a joué la *Gavotte en rondeau*, peut-être sur la demande du lieutenant Kurokami…

Immédiatement, sans donner un mot d'explication, Midori proposa à Rei de revenir dans la salle de musique.

Rei s'enfonça dans l'un des deux fauteuils.

Ayako s'assit, en face de lui, sur le canapé. La violoniste s'avança vers le piano à queue sur lequel était posé son violon. Elle le sortit de l'étui et l'accorda en quelques secondes. Puis elle commença à jouer la *Gavotte en rondeau*. La lumière orange de la fin d'après-midi pénétrait obliquement dans la salle de musique à travers la grande fenêtre qui donnait sur le jardin. Elle éclairait la moitié inférieure de son corps élancé oscillant doucement au rythme de la musique cristalline qui émanait de son Stradivarius.

6

Après avoir rangé son violon dans l'étui, elle se mit à côté de sa mère et s'adressa à Rei :

— Je vous l'ai dit, mon grand-père écoutait souvent les *Sonates et Partitas* de Bach. Moi-même, j'ai joué plusieurs fois la *Gavotte en rondeau* pour lui, sur sa demande.

— Sur sa demande ?!

— Oui… sur sa demande… je ne saurais vous dire combien de fois… mais c'est sûr que j'ai joué ce petit bijou plus d'une fois devant lui… C'est peut-être un élément complémentaire qui renforce votre conviction intime…

— Oui, tout à fait.

— Et, chose étonnante, lui aussi, il aimait surtout la version de Menuhin…

— Ah oui ?… Je n'en reviens pas… Je n'en reviens pas…

Rei s'immobilisa de nouveau, englouti dans l'émotion.

7

— Monsieur Mizusawa, si j'ai bien lu votre lettre, vous vous êtes formé d'abord à Mirecourt. Ensuite, vous êtes allé à Crémone et vous y êtes resté longtemps, plus longtemps qu'à Mirecourt.

— Oui. Je suis resté cinq ans à Mirecourt, seize ans à Crémone. Beaucoup de luthiers français apprennent leur métier à Mirecourt, mais, dans mon cas, il fallait que j'aille me former à Crémone aussi. Parce que la grande affaire, je dirais même l'unique affaire de ma vie, dès l'instant de mon engagement dans l'art de la lutherie, était la réparation ou la restauration du violon détruit de mon père. Pour cela, il fallait que j'apprenne toutes les techniques nécessaires auprès d'un maître particulièrement versé dans la restauration des instruments à cordes.

— Vous avez donc restauré le violon de votre père ? demanda Ayako.

— Oui.

— Extraordinaire !

— Ça a pris beaucoup, beaucoup de temps,

parce que tant que je n'étais pas sûr de moi, je ne pouvais pas m'y mettre… Le violon de mon père était extrêmement abîmé. Mon maître m'a même dit que ça n'en valait pas la peine. Mais je voulais absolument sauver cet instrument. C'était la seule chose qui me restait de mon père… Il était vraiment dans un piteux état. Un militaire barbare l'avait piétiné de tout son poids. Il était brisé… en miettes… jusqu'à l'âme.

— Mon Dieu ! s'écria la violoniste. Même l'âme était brisée ! La table d'harmonie était donc fracturée ?

— Ah oui. Non seulement la table, mais également le manche, la touche, les éclisses, le chevalet, enfin tout, presque tout était à refaire. Le dos aussi était abîmé, mais moins. Ce qui était intact, c'étaient seulement la volute et les chevilles…

— Ce n'était plus tellement de la restauration. C'était presque une fabrication nouvelle, remarqua Midori.

— D'une certaine manière oui. Mais j'ai voulu sauver tout ce qui était *sauvable*… C'est pour cela que j'ai voulu procéder lentement, très lentement, pas à pas, pièce par pièce, point par point. Je tenais à ce que chaque geste, chaque étape visant à réparer une partie de l'instrument soit parfaite, sans bavure. Il s'agissait pour moi de ramener le violon de mon père à son état initial, de lui rendre sa santé première, comme si je réparais par une sorte de chirurgie radicale tout le corps abîmé de mon père…

Empêché par une émotion silencieuse qui le

secouait en lui tordant le cœur, Rei, pour la troisième fois, cessa de parler.

Les deux femmes se turent, n'osant plus lui poser d'autres questions. Elles n'entendaient que sa respiration devenue en l'espace de quelques secondes nettement plus forte, sensiblement plus accélérée qu'à l'ordinaire. Elles se regardèrent. Puis Midori se leva pour aller vers les étagères remplies de partitions. Elle mit la main sur un gros volume qui servait de serre-livres. Elle revint s'asseoir à côté de sa mère et ouvrit une page ornée de plusieurs photos dont l'une était considérablement jaunie. Elle posa l'album ouvert devant Rei qui, enfermé dans un silence prolongé, respirait comme un asthmatique en début de crise.

8

C'était un silence ouvert comme une grotte sombre et profonde. Il conduisait au passé ténébreux où coulait sans trouble ni agitation un flux d'images vivantes et de souvenirs impérissables. Rei se plongea dans tout son parcours de luthier. Son arrivée dans la ville de Jean-Baptiste Vuillaume, son installation chez le maître Laberte. La rencontre avec Hélène, sa formation à Crémone chez le maître luthier et restaurateur de renom Lorenzo Zapatini. Le début de son œuvre de vie enfin, son *lifework* comme il le disait parfois, à l'âge de quarante-trois ans, trente-deux ans après l'événement, cet événement catastrophique qui avait brisé l'*âme* de son père dans l'acte même de destruction barbare perpétré sur son violon jusqu'à l'anéantissement de son *âme*. Labeur de forçat et patience de bonze. Bienveillance du maître Zapatini, qui avait surveillé Rei de près jusqu'au moindre détail avec une attention presque paternelle, sachant pourquoi son disciple s'investissait avec autant d'acharnement dans la restauration d'un violon singulièrement abîmé, d'un violon qui n'avait pas, au demeurant, la valeur d'un vrai instrument de maître ancien. Rei se rappelait le mot de son maître qui avait suivi très attentivement son travail une année entière :

— Maintenant, tu peux voler de tes propres ailes… Vas-y. Mais si tu as besoin de conseils, tu peux toujours venir me voir…

Ainsi Rei avait-il décidé de revenir à Paris et de s'établir enfin à son compte. C'était en 1971. Hélène, qu'il n'avait vue qu'une ou deux fois par an, été et hiver, et avec qui il n'avait jamais cessé d'entretenir des relations épistolaires pendant la longue période d'exil à Crémone, s'était installée de son côté à Paris et avait ouvert un modeste atelier d'archèterie rue La Boétie, dans le VIIIe arrondissement. Rei avait trouvé un minuscule studio de 15 mètres carrés, non loin de la place de Clichy. Il avait travaillé là, il avait vécu là – le studio était à la fois sa chambre, sa cuisine et son atelier – deux années durant lesquelles il avait vu Hélène une ou deux fois seulement par semaine, tant il avait à faire pour assurer sa survie et sa vie d'artisan dans l'immensité dévoratrice de la capitale. Il avait fabriqué quelques violons et violoncelles ; il en avait réparé et restauré ; il s'était occupé des réglages et de l'entretien d'instruments anciens et modernes. Il n'avait donc eu que fort peu de temps à consacrer à *son père*, mais celui-ci n'avait jamais été oublié.

Rei avait réussi à se faire peu à peu une belle réputation dans le milieu des musiciens instrumentistes. Sérieux et précis dans le travail, honnête, respectant toujours les délais, à l'écoute à la fois de l'instrument et de l'artiste, il avait élargi, avec une régularité constante, sa clientèle qui allait des solistes et des musiciens d'orchestre aux amateurs de haut niveau en passant par les étudiants du Conservatoire. En six ou sept ans, il passa de 15 à 32 mètres carrés, puis à 47 mètres carrés et, d'un coup, à 90 mètres carrés. En plus, le hasard avait voulu qu'il trouvât providentiellement rue de Naples un local idéal pour son atelier, non loin du Conservatoire de la rue de Madrid. Dès lors, le temps qu'il pouvait réserver à *son père* était devenu plus long. Quelques années après son retour à Paris, il avait fini par acquérir une sérénité d'âme nécessaire à son travail de réparation-restauration du violon paternel.

Une longue période était ainsi passée dans la solitude de son atelier, face à l'instrument mutilé de son père qui, lentement, très lentement, retrouvait son visage initial et la brillance de sa santé recouvrée.

9

— Merci de m'avoir montré ces photos. Sur celle-ci surtout, je crois reconnaître le visage qui m'est apparu ce jour-là à contre-jour, celui de l'homme qui m'a tendu le violon, celui de *Dieu Noir*…

Le soleil déclinait. Rei regarda sa montre.

— Il est déjà cinq heures ! J'ai trop abusé de votre temps, excusez-moi.

— Non, pas du tout, monsieur Mizusawa. Vous êtes venu de si loin, de Paris d'une part et, d'autre part, de votre passé japonais si éloigné… Je n'ai pas vu le temps filer. Je suis très heureuse d'avoir pu parler de mon grand-père avec vous… Aujourd'hui, l'image que j'avais conservée de lui s'est enrichie de détails et de nuances subtiles. Je vous en remercie sincèrement.

Rei esquissa une légère inclination de tête, puis manifesta une indicible marque d'hésitation qui le bloqua quelques secondes dans sa prise de parole. Enfin, il se pencha pour prendre l'étui à violon qu'il avait laissé à côté de son fauteuil. Il l'ouvrit et sortit l'instrument qui dormait là.

— C'est le violon de mon père restauré...

— Mon Dieu, vous êtes venu avec ! cria Ayako.

— Il ne reste que 15 à 20 pour cent de ce qu'a connu mon père, mais il a survécu au meurtre grâce à votre grand-père. C'était un violon signé Nicolas François Vuillaume, le frère cadet de Jean-Baptiste Vuillaume. J'ai trouvé sa signature à l'intérieur. Je ne sais pas si, ce jour-là, mon père a eu le temps de dire au lieutenant Kurokami qu'il s'agissait d'un violon du petit frère du grand Vuillaume... J'ignore pourquoi et comment ce violon est parvenu entre les mains de mon père...

— Si grand-père avait tenu à se rendre à Mirecourt, n'est-ce pas parce qu'il avait gardé le souvenir du violon de votre père ? Il avait appris, très certainement, de la bouche même de M. Mizusawa, qu'il s'agissait d'un Nicolas François...

— Oui, tu as raison, Midori, acquiesça sa mère. Ça expliquerait pourquoi mon père s'était mis dans la tête que la visite de Mirecourt était incontournable...

— Mais qu'est-ce qu'il est beau !

— J'ai refait complètement la table d'harmonie, les éclisses... enfin énormément de choses. J'ai refait le vernis aussi... Donc, l'apparence du violon a singulièrement changé. Votre grand-père ne le reconnaîtrait pas. J'ai placé à l'intérieur, à côté du nom de Nicolas François Vuillaume, le mien en plus petits caractères.

— Je peux l'essayer ?

— Oui, bien sûr. Je serais très honoré…

Midori Yamazaki se saisit du violon éclatant d'un rouge sombre, revenu de son passé ensanglanté, violon assassiné une fois, mais secouru d'abord par son grand-père Kengo Kurokami *Dieu Noir*, puis miraculeusement ressuscité par le fils, devenu luthier, de son propriétaire disparu à jamais un dimanche d'automne de l'année 1938. Au moment où, après quelques secondes d'accordage, elle s'apprêtait à jouer, une idée lui traversa l'esprit. Elle revint vers Rei et lui demanda en désignant l'archet qui était dans l'étui.

— Il vaut mieux que j'utilise cet archet ?

— Pas nécessairement… c'est un archet fabriqué par Hélène, ma compagne… euh, ma femme. Elle a essayé de faire cet archet en pensant tout particulièrement au violon de mon père restauré.

— Alors, je vais jouer avec l'archet de votre épouse…

Midori laissa son archet pour prendre celui d'Hélène. En se plaçant à l'endroit exact où elle avait joué deux heures auparavant la *Gavotte en rondeau*, elle interpréta de nouveau la pièce de Bach. Les aigus sonnaient comme une longue enfilade de gouttes d'eau pure versées par un ciel bas et tourmenté, étincelant aux premiers rayons du soleil pénétrant obliquement les feuillages verdoyants d'une forêt boréale luxuriante, tandis que les médiums et les graves étaient comme ouatés, glissant sur une étendue de velours, suscitant une impression de chaleur intime émanant d'une cheminée de marbre restée allumée toute la nuit. Il y avait là, en plus, une saisissante égalité de timbres. La musique avançait, revenait, montait, descendait avec une liberté euphorique ; elle faisait penser à une danse joyeuse et sautillante qui semblait exprimer le bonheur de marcher dans un paysage enchanté.

10

— Ça sonne merveilleusement bien. Vous avez fait un magnifique travail, monsieur Mizusawa ! Il y a une grande homogénéité sonore dans tous les registres, sur toutes les cordes… C'est très impressionnant ! Ça donne vraiment envie de jouer dessus…

— C'est vrai ? C'est vraiment vrai ?

— Oui, oui, sincèrement, c'est un instrument qui me semble exceptionnel… Ce n'est pas tous les jours qu'on fait ce genre de rencontres…

Midori rangea délicatement le violon et l'archet dans l'étui posé sur la table rectangulaire qui se trouvait entre le canapé et les fauteuils et sur laquelle se projetaient les derniers rayons de soleil de la journée.

— Eh bien, je vous confie ce violon. Je vous le laisse. Je serais heureux si vous l'aidiez à s'épanouir, à grandir… Depuis l'achèvement du travail de restauration en 1982, j'ai eu l'occasion de le montrer à plusieurs violonistes. Certains voulaient l'acheter, mais je leur ai toujours dit qu'il n'était pas à vendre…

— Je vous assure, monsieur Mizusawa, tout violoniste professionnel aurait envie de jouer dessus…

— Il a été sauvé par votre grand-père. Votre grand-père a voulu que vous fassiez du violon. Vous êtes devenue une violoniste de renommée internationale. Il est normal que je vous le laisse, si vous pensez qu'il peut faire corps avec vous pour faire naître une musique à votre gré… Le violon de mon père serait beaucoup plus heureux chez vous que chez moi. Il a besoin de s'exprimer…

— Oh, monsieur Mizusawa…

Surprise et secouée dans tout son être par cette soudaine et inimaginable offrande, la jeune violoniste se trouva privée de parole. Elle se tourna vers sa mère qui semblait interloquée autant sinon plus… Au bout d'un long moment de silence, Midori reprit tout en réprimant ses larmes prêtes à la suffoquer :

— Merci, monsieur Mizusawa. Je ne sais pas quoi dire… C'est un merveilleux cadeau… Je ne m'y attendais absolument pas…

Elle dut arrêter de parler pour attendre que la vague d'émotion se retire…

— Merci en tout cas de votre confiance. Je ne sais comment vous remercier… Je prendrai soin de votre violon, de votre père… je vous en donnerai des nouvelles de temps en temps.

C'est ainsi que le violon de Yu Mizusawa, signé Nicolas François Vuillaume, revint, soixante-cinq ans après l'acte de violence barbare qui l'avait réduit en miettes, ressuscité par les mains de son fils Rei Mizusawa ou Jacques Maillard devenu un maître luthier de renom, dans la famille de celui-là même qui le lui avait confié, à lui, le petit garçon qui s'était réfugié, caché, blotti, cet après-midi-là, dans l'obscurité étroite d'une armoire protectrice.

11

Son violon – le violon de Nicolas François Vuillaume, le violon ressuscité de son père –, désormais confié à Midori Yamazaki, petite-fille de *Dieu Noir*, le poids du fardeau que Rei Mizusawa avait porté pendant de longues et interminables années était sensiblement allégé à présent ; la chaîne du boulet qu'il avait traîné partout était maintenant rompue.

Le lendemain matin, dès le réveil, il était d'humeur à explorer la ville de Tokyo. Il avait devant lui une journée de liberté avant de repartir pour Paris. Ses pas le conduisirent naturellement vers le quartier de Shibuya où il avait habité plus de soixante-cinq ans auparavant. Tokyo, en un demi-siècle, s'était métamorphosé : Rei savait d'avance qu'il ne retrouverait rien, qu'il ne reconnaîtrait rien sur place. C'est pourquoi il se rendit d'abord à la mairie de Shibuya pour avoir quelques points de repère sûrs.

Au service des archives, le visiteur fit part à un employé d'une cinquantaine d'années de son désir de retrouver l'emplacement du Centre culturel municipal qui existait en 1938. Le préposé alla chercher un gros volume qui contenait de vieilles cartes. Il ouvrit des pages correspondant à la période et trouva sans peine l'endroit où se situait le Centre culturel municipal.

— Ça a beaucoup changé, vous savez. La ville a été complètement rasée en 45.

— Oui, je sais qu'il y a eu plus de cent mille morts et un million de sinistrés lors de l'attaque aérienne du 10 mars. Il paraît que trois cents bombardiers B29 ont occupé le ciel comme une nuée de mouches et ils ont lancé en deux heures trois cent quatre-vingt mille bombes incendiaires…

— Oui, c'était quelque chose d'absolument horrible, je crois… L'enfer surgi était presque comparable à celui de la bombe atomique d'Hiroshima qui a tué autant de personnes en quelques secondes. Le résultat était le même, hormis évidemment la radioactivité… Le 10 mars, ce sont les quartiers populaires de l'Est qui ont été visés. Ici, à Shibuya, ce sont plutôt les raids du mois de mai qui étaient terribles…

— La reconstruction de l'après-guerre a dû rendre les quartiers méconnaissables…

— Oui, tout à fait.

Répondant au vieil homme sans lever la tête, l'employé quinquagénaire faisait le va-et-vient entre la carte d'aujourd'hui et celle des années 1935-1940. Il s'arrêta aussi un moment sur celle qui montrait les zones brûlées par les bombardements successifs de Tokyo en 1945.

— J'ai essayé de localiser le Centre culturel sur cette carte d'aujourd'hui. Vous pouvez y aller avec ça. Vous verrez. Il y a peut-être quelques ruelles qui ont survécu…

— Merci, monsieur. Vous êtes très aimable.

— Je vous en prie. Vous faites de la recherche ?

— Non, j'habitais là en 1938. Je viens revoir le quartier de mon enfance après avoir vécu plus de soixante ans à l'étranger.

— Ah bon !

— J'aimerais bien aller là où habitaient mes parents. Dans l'adresse postale, il y avait le mot *Shinsen*, si je me souviens bien. Ça veut dire « fontaine de Dieu », n'est-ce pas ?

— … Oui… C'est drôle, je ne pensais plus à la signification de *Shinsen*…

Il regarda de nouveau la carte des zones embrasées en 1945. Après un instant de silence, l'archiviste municipal reprit :

— Le quartier de *Shinsen* n'est pas très loin d'ici. Si vous voulez, je vais le marquer sur la carte que je vous ai donnée.

— Ah, c'est très gentil…

— Voilà… Avec un peu de chance, vous retrouverez quelques traces du lieu que vous avez connu. D'après ce que je vois, toute cette zone au sud de la gare de *Shinsen* a échappé à la destruction. Alors, bonne promenade autour de la *fontaine de Dieu* !

— Merci beaucoup, monsieur !

Au bout d'une demi-heure de marche, Rei arriva devant un immeuble hébergeant une petite bibliothèque publique de quartier. C'était là l'emplacement de la maison de la culture comme on disait communément à l'époque. Ce qui se présentait à son regard ne lui rappelait rien. Il se remit à marcher. Arrivé à un petit croisement, il vit, au-delà d'un mur de moellons, un majestueux cerisier aux branches noires et noueuses ; il s'engagea dans une ruelle où les commerces se raréfiaient et où l'on entendait derrière son dos la rumeur de la ville s'éloigner. Et c'est là, contre toute attente, qu'un espace s'ouvrit brusquement devant Rei.

Ses pieds et ses jambes le guidaient. Une sensation s'élevait en lui. Il retrouvait le mouvement et le rythme corporels qu'il avait éprouvés et enregistrés ce jour-là, en se dirigeant vers la maison, en compagnie d'un chien shiba qui venait de faire une apparition mystérieuse sur son chemin.

Il s'arrêta devant un pavillon tout neuf, sans doute en bois, dont le revêtement beige imitait les briques. Il regarda tout autour de lui. Rien de visible ne lui rappelait son enfance. La perception particulière de l'espace qui était la sienne lui disait cependant que c'était peut-être là. Il se vit alors dans la posture assise du petit garçon de onze ans. La nuit descendait peu à peu. La lumière du réverbère venait de sa gauche. Il sentait la chaleur de l'animal se propager sur son ventre. Il sombrait dans le sommeil…

12

Cette nuit-là, Momo vint le voir jusque dans son lit d'hôtel.

IV

Allegro moderato

1

Rei frappa à la porte.

— Entrez, dit aussitôt en japonais une voix de femme, fatiguée, affaiblie.

C'était une chambre individuelle qui donnait sur le jardin de l'hôpital. Une infirmière en blouse blanche, avec le stéthoscope dans les oreilles, prenait la tension d'une dame très âgée allongée sur un lit médicalisé sensiblement redressé. Elle se tourna vers Rei et leva la main pour lui faire signe d'attendre. Pendant tout ce temps-là, la vieille dame souriait à Rei en silence.

L'infirmière, accrochant son stéthoscope autour du cou, nota sur une feuille la température et la tension de la malade et adressa à Rei quelques mots auxquels il ne comprenait rien. La vieille malade lui dit alors à petite voix :

— Elle dit que vous pouvez prendre la chaise et vous asseoir près de moi.

La phrase balancée, bien rythmée, prononcée par la vieille femme dans un japonais qui coulait de source, rappela au visiteur le frissonnement qu'il avait éprouvé lorsque, collégien, il avait entendu sa voix cristalline porter et articuler si naturellement, si fluidement des mots japonais. Sa voix était à présent plus grave et un peu éraillée, mais elle avait conservé cette sorte de liquidité glissante qui faisait merveilleusement perler les sons de la langue.

— *Xièxiè* (Merci).

Rei prononça le seul mot chinois dont il disposait.

Il s'assit près du lit, prit la main droite décharnée de la malade âgée qui, secouée d'émotion, ne put empêcher une irrésistible poussée de larmes. Le soleil d'un après-midi du début d'été projetait une clarté lumineuse sur la couette toute blanche. La conversation reprenait dans une chambre d'hôpital à Shanghai entre les deux êtres qui s'étaient rencontrés fugitivement à Tokyo plus d'un demi-siècle auparavant.

2

Rei avait reçu un jour du printemps 2004 un e-mail d'un jeune Chinois se présentant de la part de Lin Yanfen. Le message était écrit en japonais. Son auteur disait qu'il écrivait à Rei Mizusawa à la place de sa grand-tante qui souhaitait entrer en relation avec lui, et savoir s'il était le fils de Yu Mizusawa qu'elle avait connu à Tokyo dans les années 1937-1938.

Lin Yanfen, hospitalisée en raison d'un cancer avancé rongeant son foie, consciente de la brièveté de ses jours, avait fait part à son petit-neveu de son désir de retrouver la trace du fils de Yu Mizusawa arrêté par la Police militaire, un dimanche après-midi en 1938, lors d'une des répétitions d'un quatuor à cordes qu'ils formaient avec deux autres Chinois. Le petit-neveu, désireux de faire plaisir à sa grand-tante, s'était mis à la recherche de Rei Mizusawa sur Internet. Il avait trouvé sous ce nom plusieurs personnes dont il avait relevé le parcours biographique. Il avait montré à sa grand-tante le résultat de ses recherches. Lorsque Lin Yanfen avait pris connaissance de quelques indices probants – « orphelin », « père adoptif français », « formation en lutherie en France et en Italie », etc. – signalés sur le site personnel de Rei Mizusawa maître luthier, elle s'était dit que c'était là, probablement, la personne qu'elle souhaitait contacter. Elle avait alors dicté à son petit-neveu une brève lettre en japonais pour qu'il la lui envoyât par courriel.

De : Yu Jian
À : Rei Mizusawa/Jacques Maillard
Objet : De la part de Lin Yanfen
Date : 29 avril 2004

Bonjour. Je m'appelle Yu Jian. Je vous écris de la part de ma grand-tante Lin Yanfen dont vous vous souvenez certainement. Voici une lettre qu'elle vous adresse depuis son lit d'hôpital à Shanghai. (...)

J'étais à Tokyo en tant qu'étudiante en agronomie entre 1934 et 1938. J'ai rencontré votre père Yu Mizusawa qui m'a proposé ainsi qu'à deux autres amis chinois de faire de la musique ensemble en formant un quatuor à cordes. J'en ai gardé des souvenirs inoubliables. En 1938, un dimanche après-midi, nous répétions un quatuor de Schubert dans une salle de la maison de la culture à Shibuya, lorsqu'un groupe de militaires sont venus nous arrêter brutalement. Votre père, pressentant le danger à l'approche du bruit des bottes, vous a caché à temps dans l'armoire. Ce jour-là, pendant nos répétitions, vous étiez plongé dans la lecture d'un livre dont je n'ai pas retenu le titre. Si vous êtes le fils de Yu Mizusawa, vous devez vous en souvenir.

Si les lignes que vous venez de lire vous parlent, je serais heureuse de recevoir quelques mots de votre part.

J'étais à Tokyo… Au plaisir de vous lire.

Lin Yanfen

Rei avait répondu immédiatement au message de la Chinoise pour confirmer qu'il était bien ce garçon plongé dans la lecture d'un livre intitulé *Dites-moi comment vous allez vivre* pendant la répétition du quatuor dont faisait partie son père. Trois jours après, une deuxième lettre de Lin Yanfen était arrivée par courriel.

De : Yu Jian
À : Rei Mizusawa/Jacques Maillard
Objet : Je suis si heureuse…
Date : 2 mai 2004

Cher Rei

Je suis si heureuse de savoir que nous sommes à présent en communication, vous ne pouvez pas imaginer ! Je bénis Internet !

J'ai aujourd'hui quatre-vingt-douze ans et je vis mes derniers jours dans un hôpital à Shanghai. Je suis en effet malade ; il ne me reste sans doute que quelques mois à vivre…

Si je vous ai écrit, avec l'aide de mon petit-neveu qui a étudié le japonais à l'université et qui, en plus, maîtrise les technologies de l'information, c'est parce que je souhaiterais vous revoir afin de vous restituer deux souvenirs qui viennent de votre père. Malade, je ne pourrai pas venir à votre rencontre. Vous serait-il envisageable de venir me voir à Shanghai ? Si cela vous paraît impossible, je vous ferai parvenir ces deux objets par voie postale.

J'attends votre réponse avec impatience.

Lin Yanfen

Rei s'était empressé de réserver un billet d'avion et une chambre d'hôtel à Shanghai. Il avait ensuite répondu à Lin Yanfen pour lui faire part du voyage en Chine qu'il allait entreprendre une semaine plus tard.

3

Rei raconta à la vieille dame chinoise ce qu'il avait vécu ce dimanche-là, jusqu'à la tombée de la nuit, après la disparition de son père et de ses amis musiciens : l'épisode du lieutenant Kurokami qui lui avait délicatement tendu le violon détruit, son étrange rencontre sur le chemin de retour chez lui avec un chien shiba, l'arrivée de l'ami français de son père, Philippe, le trouvant endormi devant la maison, protégé par la chaleur de l'animal glissé entre sa poitrine et ses jambes repliées…

Yanfen, allongée sur son lit revenu à la position horizontale, demanda à Rei si c'était le journaliste français qui l'avait aidé…

— Oui, ce jour-là, je n'ai pas pu entrer dans la maison puisque je n'avais pas la clé. J'ai raconté à Philippe ce qui s'était passé après son départ. Nous avons attendu un moment dans l'obscurité, puis Philippe a jugé qu'il devait me prendre chez lui au lieu d'attendre le retour improbable de mon père. Philippe m'a gardé chez lui quelque temps. Je crois qu'il a fait tout ce qu'il était en mesure de faire pour savoir ce que mon père était devenu.

— Il vous a donc dit que votre père avait été conduit à la Police militaire…

— Oui… Mais je crois qu'il ne m'a dit que très peu de choses de tout ce qu'il avait pu savoir…

— C'est normal, vous étiez trop petit… Vous aviez quel âge ?

— Onze ans.

— Il voulait vous protéger d'un choc traumatique trop important…

— Lorsqu'il a compris que mon père ne reviendrait plus jamais, il a décidé de m'adopter, sachant que j'étais devenu orphelin, livré à la plus grande solitude… Dans le contexte de la guerre qui transformait le Japon en un monstre immaîtrisable, Philippe et sa femme ont choisi de rentrer en France quelques semaines après le drame de ce dimanche-là.

— Il a bien fait… Ah, si Yu l'avait su…

— Oui, il devait être mort d'inquiétude au sujet de mon sort…

La vieille dame alitée essuyait, avec un mouchoir en coton blanc, les larmes qui coulaient sur ses joues. Le visiteur français attendit quelques instants avant de reprendre le fil de la conversation.

— En tout cas, c'est comme ça que j'ai grandi en France comme enfant adoptif de Philippe et Isabelle Maillard…

Rei lui raconta quelques souvenirs de son enfance française.

Yanfen, en hochant la tête de temps à autre, écoutait Rei qui avait gardé dans ses deux mains celle de la vieille femme. Celle-ci respirait fort par moments comme si elle avait peur de s'étouffer.

Rei se tut.

Un silence long et profond enveloppa le vieil homme venu de loin et la très vieille dame malade en une sorte de communion intense où l'un et l'autre étaient émus et bouleversés par le croisement inattendu de leurs chemins de vie respectifs.

— Et vous êtes devenu luthier…

— Oui. Après quelques tâtonnements, je me suis tourné assez vite vers la lutherie parce que je voulais restaurer le violon de mon père. Je l'avais toujours gardé avec moi dans son état de demi-mort, de décomposition cadavérique. Je me suis formé d'abord à Mirecourt, ensuite à Crémone… La lutherie est devenue mon unique passion…

Lin Yanfen ferma les yeux et cacha son visage avec la main gauche.

On frappa à la porte. Un médecin d'une cinquantaine d'années, accompagné d'une infirmière (qui n'était pas celle qui avait pris la tension de la patiente), entra. Le médecin, saluant Rei par une légère inclination de son corps, s'approcha de Yanfen, prit sa main gauche pour lui tâter le pouls. Il s'adressait à la malade gaiement, d'une voix forte et résonnante, tandis qu'elle lui répondait d'une faible voix à peine audible. Rei ne comprenait rien à ce qui se disait. Mais il percevait dans l'attitude débonnaire du médecin toute son attention délicate et toute sa volonté d'accompagnement vis-à-vis de sa patiente condamnée. Le médecin prit dans ses deux grosses mains celle de Yanfen, salua le visiteur par un hochement de tête, puis sortit de la chambre en dictant des mots à l'infirmière qui, comme une sténo, les notait à toute allure sur une feuille pincée par un porte-bloc pendu à son cou. Rei s'adressa tout bas à l'infirmière :

— *Excuse me, can I still stay here ? I wouldn't disturb her.*

— *Yes*… Vous pouvez rester. Au contraire, ça lui fait du bien que vous soyez là et que vous lui parliez ! C'est ce que nous pensons. Elle nous a raconté un peu son histoire et… la vôtre aussi…, chuchota dans un français assez naturel la femme en blouse blanche, en ébauchant un sourire affable.

Le visiteur étranger fut surpris par la soudaine utilisation de la langue française.

— Vous parlez bien le français !

— J'ai étudié le français à l'université ; puis j'ai suivi un stage de formation en France pendant un an… à Toulouse. J'en garde un excellent souvenir…

— Magnifique !

— Si vous avez le moindre souci, venez me voir à la salle de soins.

Rei eut tout juste le temps de la remercier par

un simple « merci » avant qu'elle ne disparût dans le couloir. Il se retourna. Yanfen semblait dormir. Rei sortit de la chambre sur la pointe des pieds en se promettant d'y revenir une demi-heure plus tard.

4

Yanfen dormait encore lorsque Rei ouvrit timidement la porte. Le luthier s'assit sur la chaise à côté du lit sans faire de bruit. Il regarda la vieille dame allongée. Il scruta son visage lézardé de rides, sa bouche entrebâillée, les joues pâles et creuses. Il se souvint de l'émotion qui l'avait secoué, ce dimanche-là, à la vue de son visage d'une éclatante beauté et de son corps frêle et élancé. C'était la première fois, pensa-t-il, qu'il sentait son cœur renversé par une force obscure montant de ses entrailles...

— Excusez-moi, je m'étais endormie...

— Ne vous excusez pas, j'étais content de vous voir dormir paisiblement...

Yanfen regarda le réveil posé sur la table de chevet.

— Je n'ai pas dormi longtemps...

— Non, ça fait à peine une demi-heure.

— Il ne faut pas que je dorme dans la journée... Ça m'empêche d'avoir un sommeil normal. Mais… en fait, je n'ai jamais bien dormi depuis très longtemps…

— Ah oui ?

— Rei, il faut que je vous parle de ce qui s'est passé après votre séparation définitive d'avec votre père.

— Oui, si ça ne vous fatigue pas trop…

— Non, ça ne me fatigue pas. Au contraire, je suis contente de pouvoir parler avec vous. Vous avez eu l'amabilité de faire ce voyage. Je vous dois le récit de ce que vous ignorez. Je dois surtout vous restituer ce qui se trouve dans le sac en tissu que j'ai rangé dans l'armoire.

Yanfen demanda au fils de Yu Mizusawa de sortir le sac et de l'ouvrir.

— Il y a un livre et un cardigan dedans.

— Un livre et un cardigan ?

— Oui. Mais, d'abord, il faut que je vous parle de ce qui nous est arrivé après la scène dont vous avez été témoin dans l'armoire…

— Après la musique de Bach que mon père a jouée…

— Oui… la *Gavotte en rondeau* qu'il a magnifiquement interprétée… Nous étions tous ébahis, remplis d'émotion… y compris, je crois, le militaire qui lui avait demandé de jouer quelque chose…

— C'était donc bien la *Gavotte en rondeau*…

— Oui, je m'en souviens comme si c'était hier…

Yanfen regardait dans le vide. Sans dire un seul mot, Rei posa sa main droite sur celle de la malade, toute plissée, abandonnée sur la couette comme une feuille morte solitaire que le vent a oublié d'emporter. Elle était froide.

— Les militaires nous ont emmenés dans une maison de détention. Au bout de vingt-quatre heures, les deux amis chinois, Kang et Cheng, ont été relâchés… sans doute grâce à leur titre de boursier. Mais pas votre père ni moi. Je pense qu'il y a un détail qui vous a probablement échappé. C'est que les militaires pensaient que j'étais la femme de votre père.

— Ah oui ? Comment ça ?

— Lorsqu'ils avaient procédé à l'identification de chacun, instinctivement, votre père leur avait déclaré que j'étais son épouse et que je m'appelais Aïko… Il voulait me protéger… certainement.

— Ça, je ne le savais pas, en effet.

— À cette époque, on regardait les Chinois d'un œil méfiant et même méprisant.

— Je me demande si ce n'est pas toujours le cas… Au fait, vos deux amis chinois, qu'est-ce qu'ils sont devenus ? Vous êtes restée en relation ?

— Non, je les ai perdus de vue. Quand on m'a enfin autorisée à partir, je suis tout de suite allée chercher mon alto dans la remise du Centre culturel. Leurs instruments n'y étaient plus. Le violon cassé de Yu non plus d'ailleurs. J'avais un peu peur, mais j'ai même osé ouvrir l'armoire, vous savez… vous n'y étiez plus, évidemment… J'étais à la fois rassurée et inquiète… : « Où est-il ? Qu'est-ce qu'il est devenu ? »

Lin Yanfen leva les yeux et soupira comme si

elle protestait en silence contre les décisions du ciel.

— Il est possible que Cheng, le violoncelliste, soit resté au Japon pour vivre avec sa femme japonaise… Quant à Kang, le second violon, je n'ai jamais eu de ses nouvelles…

— On vous a quand même laissée partir au bout d'un certain temps ?

— Oui. J'ai passé deux jours et deux nuits à la maison d'arrêt. On m'a retenue plus longtemps parce que, sans doute, j'ai obstinément joué le rôle d'« épouse »…

— Vous avez été soumise à un interrogatoire en règle…

— À deux interrogatoires serrés… Mais j'ai été libérée quarante-huit heures après.

— Vous étiez avec mon père, dans la même… ?

— Non, on était séparés… Je ne le voyais pas. Après ma sortie, je suis retournée tous les jours à la Police militaire pour demander à voir votre père en profitant de mon titre d'« épouse ». Mais on ne m'a pas autorisée tout de suite… sous prétexte qu'il était retenu pour des raisons relevant de la loi sur la préservation de l'ordre public.

— Ah, cette loi diaboliquement célèbre au nom de laquelle on a emprisonné, torturé, tué tant de gens…

— Oui, c'est ça… Je n'ai pu le voir qu'au bout de quatre ou cinq jours. Manifestement, il avait reçu des coups, il avait été maltraité, brutalisé, torturé. Il était amaigri, roué de fatigue. Il était comme un fantôme… Il m'a dit, je m'en souviens…

Yanfen, empêchée par l'émotion, dut arrêter de parler. Elle attendit plusieurs secondes, puis elle continua, les larmes dans la gorge :

— Il m'a dit que des soldats de la Police militaire avaient perquisitionné chez lui et qu'ils avaient trouvé *plein de livres dangereux* et qu'ils l'accusaient *d'être contaminé par les idées des rouges et de contaminer les autres par les mêmes idées*... Le temps de conversation autorisé était limité à vingt minutes. Ça s'est passé en un clin d'œil. Son unique sujet de préoccupation était naturellement votre sort. Il se demandait ce que vous étiez devenu. Il imaginait des scénarios possibles... Il vivait le plus cruel des tourments... Et moi, je ne pouvais rien dire là-dessus, malheureusement.

— Ça, c'était une autre torture qu'il subissait... de ne pas savoir ce que j'étais devenu...

— Exactement !

Rei baissa la tête. Il la prit ensuite dans ses mains comme s'il s'efforçait de supporter une douleur aiguë à l'estomac. Un silence noir se creusa. Puis il entendit murmurer la voix enrouée de la vieille dame :

— ... À la fin, votre père a même eu la gentillesse de me conseiller de rentrer en Chine sans tarder : « C'est tout de même mieux pour vous, plus rassurant en tout cas », m'a-t-il dit. Son visage était défait, ravagé de tristesse et de douleur... Je ne peux pas oublier... Je n'ai jamais oublié...

— Après cette entrevue, vous avez pu le revoir ?

— Non, c'était la première et la dernière fois...

— Depuis, personne ne l'a donc jamais

revu…, se dit le vieil homme à voix basse, en levant la tête.

— J'ai réitéré ma visite de la maison d'arrêt. Mais ce n'était plus possible de le voir. C'était le refus, chaque fois. Un jour, je suis tombée sur l'homme qui avait demandé à Yu, le jour de la répétition, de prouver qu'il était réellement musicien afin de dissiper le soupçon des autres soldats… Il n'était pas comme les autres, celui-là. C'était une personne aimable et courtoise pour un militaire… Il m'a fait comprendre qu'il me fallait désormais *renoncer à revoir mon mari…* « Il est parti très loin, il ne reviendra plus… » m'a-t-il affirmé, en baissant la tête. Il était désolé de me l'apprendre aussi brutalement. À ce moment-là, j'ai cru voir une crispation nerveuse sillonner son visage de bas en haut.

Rei fit alors à la Chinoise le récit de la visite qu'il avait rendue à Midori Yamazaki l'année précédente. Yanfen fut bouleversée par la rencontre improbable du *petit* Rei devenu luthier avec la petite-fille du lieutenant devenue violoniste. La première émotion passée, elle se ressaisit et resta tout ouïe pour suivre la journée de Rei en compagnie de Midori et de sa mère. À la fin, elle susurra en exhalant un profond soupir :

— Il a donc souffert lui aussi. Il n'était pas à sa place, à l'armée…

On frappa à la porte. L'infirmière francophone entra avec deux autres femmes en blouse blanche. Elle murmura à l'oreille de Rei :

— On vient faire sa toilette, pourriez-vous

sortir un instant ? On en a pour un quart d'heure.

— D'accord.

Un sourire discret se dessinait sur le visage de l'infirmière.

Rei sortit de la chambre après avoir dit à Yanfen qu'il s'absentait quelques minutes.

— Vous reviendrez, parce qu'on n'a pas fini…

— Oui, bien sûr, bien sûr.

5

— Le violon était complètement écrasé. Ce soldat haineux l'avait détruit en deux coups de botte. Vous avez quand même réussi à le restaurer ?

— Oui, ça a été très long. Mais j'ai réussi à le faire.

— Vous avez mis combien de temps ?

— Je me suis lancé dans cette entreprise téméraire la dernière année de mon séjour à Crémone sous l'œil attentif de mon maître. C'était donc… en 1970. Et j'ai fini entièrement la restauration en 1982. J'ai donc mis douze ans. Je m'en souviens très bien, car c'est l'année où j'ai commencé à vivre avec mon amie archetière.

— Ah, votre femme est archetière ?!

— Oui. On n'est pas marié, mais c'est tout comme. C'est une personne que j'avais rencontrée très tôt à Mirecourt, au début de ma formation. Mirecourt, c'est une toute petite ville, mais c'est connu pour la lutherie depuis le

XVIIIe siècle comme Crémone en Italie… Nous avons décidé de vivre ensemble une fois la restauration du violon de mon père complètement achevée… J'avais cinquante-cinq ans.

— Et votre femme… euh, votre compagne… ou votre amie… Je ne sais pas comment dire… Je ne connais pas le mot japonais approprié…

— Elle a cinq ans de moins que moi. Elle s'appelle Hélène. Comme ça vous savez tout maintenant !

Lin Yanfen sourit pour la première fois depuis l'arrivée de Rei.

— Je suis heureuse de savoir que vous avez une personne qui vous accompagne dans votre vie. La vie n'est pas un chemin facile… Il vaut mieux le parcourir avec quelqu'un plutôt que de le faire seul comme moi…

Rei interrogea Yanfen qui était devenue tout à coup songeuse.

— Et vous, vous êtes…

— … Je suis restée seule…

Il y eut un moment de silence. Yanfen semblait absente, perdue dans ses pensées. Rei imagina ce qui enfonçait la vieille dame dans ce silence rêveur.

— Pourriez-vous sortir du sac le cardigan et le livre ?

Le cardigan, rose pâle, était soigneusement plié dans un sac en plastique transparent comme si c'était un article neuf sur une étagère de boutique. Le livre était recouvert et protégé avec un papier kraft qui empêchait de voir le titre.

— Ce cardigan rose appartenait à votre mère décédée quand vous étiez tout petit.

— J'avais trois ans, je crois...

— Un jour, quand on répétait chez vous, dans votre maison, car au début on a répété d'abord chez vous, mais comme on était un peu à l'étroit, on a opté par la suite pour la maison de la culture... Bref, j'ai eu froid, j'ai éternué... Et c'est à ce moment-là que votre père m'a gentiment prêté ce cardigan de votre mère. La répétition finie, j'ai voulu le rendre avant de m'en aller. Il m'a alors répondu : « Gardez-le, il fait froid. Vous me le rendrez quand vous voudrez. Vous comprenez bien que je n'en ai plus besoin... » Finalement, je l'ai gardé et je l'ai porté à l'occasion, même devant lui. Je regrette d'avoir abusé de sa gentillesse...

— Non, je ne le crois pas. Au contraire, il était plutôt content de vous voir avec ce cardigan, j'en suis persuadé.

Rei crut voir le pâle visage de Yanfen devenir légèrement rose.

— Et ce livre ? demanda Rei en le prenant entre les mains.

— Quand nous avons été arrêtés, nous avons donc été directement conduits à la maison de détention. Yu avait ce petit livre dans la poche intérieure de sa veste. En arrivant, il a saisi l'instant précis où les soldats se sont dispersés pour me le passer à leur insu. Et moi, je l'ai gardé sous ma jupe, ou plutôt dans ma culotte, pendant tout le temps que j'étais en garde à vue. Ils ne l'ont donc pas trouvé… Quelle frayeur !

Rei ouvrit le petit livre. La page de titre apparut : *Le Bateau-usine.* Il s'agissait d'un roman célèbre de Takiji Kobayashi publié en 1929, qui décrit les conditions de vie proches de l'esclavage subies par les travailleurs à bord d'un navire pêchant le crabe dans la mer d'Okhotsk entre le Japon et la Russie. Rei n'avait pas lu *Le Bateau-usine,* mais il avait entendu parler de Takiji Kobayashi, auteur connu de littérature prolétarienne, mort en 1933 à l'âge de vingt-neuf ans à la suite d'un interrogatoire policier musclé, une séance de torture atroce.

— Je n'ai jamais lu ce roman, pourtant célèbre…

— Moi, je l'ai lu, je ne sais combien de fois… Je me demande si votre père n'a pas connu le même sort que Takiji Kobayashi…

Yanfen soupira profondément et se plongea dans un silence méditatif.

6

— Votre père aimait lire. Et certains livres de sa bibliothèque ont été fatals…

— Vous avez connu tous les deux la période sombre… On avait tué les libertés, liberté de pensée, liberté d'expression, liberté de conscience…

— Vous aimiez lire, vous aussi. Je me souviens, ce jour-là, vous étiez plongé dans un livre. On ne pouvait pas vous l'arracher…

— Ah oui, vous vous en souvenez ?

— Oui, j'en ai gardé une image vive.

— C'était un livre de Genzaburo Yoshino qui s'intitule *Dites-moi comment vous allez vivre* publié en 1937… donc un an avant notre drame… C'est mon père qui me l'avait offert. Il l'avait lu dès sa parution et il en avait été bouleversé. En tout cas, il m'en avait parlé avec enthousiasme. C'est un livre qui m'a accompagné pendant toute mon adolescence. J'ai gardé l'exemplaire original et je le relis régulièrement. Vous connaissez ce livre ?

— Non. Quand j'ai su que Yu ne reviendrait

plus, j'ai décidé de quitter le Japon. À partir de là, j'ai été coupée de ce pays…

— C'est un livre magnifique. En pleine période de folie fasciste et d'engouement militariste et ultranationaliste, Yoshino a eu l'audace d'écrire, à l'intention des jeunes Japonais, un livre qui prônait l'usage critique de la raison et défendait la supériorité éthique de l'amitié des égaux par rapport à la soumission rampante et aveugle à l'égard des aînés et des dominants. Je crois que mon père voulait faire de moi un jeune homme capable de garder sa lucidité en toute situation, de ne pas succomber à la folie collective et de s'insurger contre les aberrations…

Rei Mizusawa, qui, dans l'après-midi du dimanche 6 novembre 1938, brutalement, sans le moindre avertissement, sans la moindre possibilité de s'y préparer psychologiquement, avait perdu son père pour toujours, n'avait jamais cessé de penser à l'absent, au disparu, au manquant, au mort, à travers d'abord et surtout le violon réduit en miettes, mais aussi à travers le livre de Genzaburo Yoshino. Ce jour-là, grâce à l'inébranlable patience et à l'inaltérable fidélité de l'amie chinoise, s'ajoutaient, au violon et au livre, le cardigan rose et *Le Bateau-usine.* Rei avait fait du violon brisé l'objectif et la matière de sa vie. Lorsqu'il eut fini de restaurer le violon de Nicolas François Vuillaume, l'idée de traduire un jour le grand livre de Yoshino s'était imposée à lui tout naturellement, car il croyait entendre, dans les pages de *Dites-moi comment vous allez vivre*, la voix de son père confondue avec celle de l'auteur. Il avait commencé la traduction une dizaine d'années auparavant. Il se levait tôt, vers cinq heures, dans le silence auroral du matin. Après un rapide petit déjeuner avec une tartine beurrée et un café, il se mettait à son établi, entouré de ses outils de lutherie, de copeaux, de plusieurs instruments à cordes en cours d'élaboration, afin d'essayer de rendre en français l'éveil intellectuel et l'évolution intérieure d'un collégien japonais admirablement captés par les mots de Yoshino. Il n'était pas pressé. Il avançait pas à pas, transposant à peine dix lignes par jour, mot par mot, phrase par phrase, paragraphe par paragraphe. À onze heures, il s'arrêtait pour se reposer et pour reprendre le tablier bleu marine de luthier.

— Je fais ce travail de traduction pour moi seul, sans aucune intention de le publier… En m'attardant sur les détails de chaque page, je crois pouvoir mieux entendre la voix de mon père.

7

Le soleil déclinait. Les deux arbres que l'on voyait à travers la fenêtre de la chambre, le cerisier et l'érable, séparés l'un de l'autre d'une vingtaine de mètres, commençaient à glisser peu à peu sous le voile assombrissant de la nuit.

— Il se fait tard, madame Lin. Je vous ai fatiguée suffisamment pendant tout l'après-midi. Il faut bien que je vous quitte…

— Merci infiniment d'être venu jusqu'à moi. Je suis vraiment heureuse de vous avoir revu, de vous avoir entendu parler de votre vie, de votre parcours de luthier, de vous avoir restitué ce que je devais vous restituer… La disparition de Yu est une blessure inguérissable pour moi, mais c'est lui, en même temps, qui m'a aidée à vivre. Aujourd'hui, je suis heureuse parce que je vous ai retrouvé. Votre réapparition devant moi est un vrai apaisement et un pansement inattendu. Merci, merci beaucoup. Je ne vous remercierai jamais assez…

— Restons en relation. Je peux toujours

écrire à votre petit-neveu pour vous donner de mes nouvelles.

— Bien sûr, ça me ferait tellement plaisir, vous ne pouvez pas imaginer…

Rei prit de nouveau la main droite, froide et tremblotante, de Yanfen dans ses deux robustes mains d'artisan. Elle était sans force.

— Elles sont chaudes, vos mains ! balbutia Yanfen.

La très vieille dame et le vieil homme restèrent longtemps ainsi à se regarder. Puis Rei baissa la tête, tandis que Yanfen tournait la sienne vers la fenêtre dont les rideaux allaient être bientôt fermés par une infirmière. Quelques instants après, ils se regardèrent de nouveau. Enfin, ils se dirent au revoir. Le vieil homme se retourna vers la très vieille dame avant d'ouvrir la porte de la chambre. Il la referma lentement, très lentement. La bouche violacée de la malade se crispait, tandis que son visage pâle lançait au visiteur un dernier sourire. La main gauche du luthier timidement levée répondit à la main droite de Yanfen qui se balançait mollement comme le lourd balancier d'une vieille horloge.

Rei marcha dans le couloir peu éclairé pour se diriger vers la sortie de l'hôpital. Il portait sur le dos un petit sac qui contenait, entre autres, le cardigan rose de sa mère, porté et gardé par la Chinoise pendant plus d'un demi-siècle ainsi que le très vieil exemplaire du *Bateau-usine* de Takiji Kobayashi ayant appartenu à son père, conservé, lu et relu par l'amie chinoise, épouse momentanée, éphémère, fictive, imaginaire, rêvée, de son père.

8

Rentré à Paris, Rei s'empressa d'écrire à Midori Yamazaki pour lui faire part de sa rencontre insoupçonnée avec Lin Yanfen. Il voulait partager avec la violoniste toute la partie jusque-là ignorée du drame du 6 novembre 1938, celle qui concernait le sort de son père après son arrestation.

De : 水澤礼 / Rei Mizusawa / Jacques Maillard
À : Midori Yamazaki
Objet : Rencontre avec Madame Lin Yanfen
Date : 17 mai 2004

Chère Midori-san,

J'espère que vous allez bien.

Vous trouverez ci-joint une lettre en fichier Word que j'ai écrite à votre intention à la suite de mes retrouvailles totalement inattendues avec Madame Lin Yanfen, l'altiste du quatuor qui jouait *Rosamunde* le 6 novembre 1938.

Je vous ai écrit longuement, mais ce n'est pas pour que vous me répondiez. Je voulais simplement compléter mon histoire et celle du violon de Nicolas

François Vuillaume que vous connaissez maintenant avec celle de mon père racontée par Madame Lin Yanfen.

Bonne continuation.

Amitiés,

水澤礼 / Rei Mizusawa/Jacques Maillard.

9

Des mois passèrent dans le silence feutré de l'atelier que faisait ressortir, souvent, la musique de chambre en sourdine. Un jour de novembre pluvieux, Rei s'occupait du réglage d'un violon de Jean-Baptiste Vuillaume qu'une violoniste américaine renommée lui avait confié et qui avait appartenu jadis, disait-elle, au violoniste tchèque Josef Suk. Les deux enceintes suspendues au plafond diffusaient discrètement le second mouvement du quatuor à cordes de Schubert *Rosamunde.* Il redressa le chevalet qui était imperceptiblement penché en avant ; il fit en sorte qu'il se refixât exactement au milieu des ouïes ; enfin, en maniant précautionneusement la pointe aux âmes, il déplaça l'âme du violon de quelques dixièmes de millimètre : tout cela était nécessaire pour que les vibrations des cordes se transmissent sans entrave au chevalet, du chevalet à l'âme, de l'âme à la barre d'harmonie, et enfin dans toute la caisse de résonance de l'instrument.

Il prit un des archets parfaitement alignés

dans le premier tiroir du vieux meuble placé sous la rangée des violons et altos.

C'est à ce moment-là qu'un signal sonore discret se fit entendre, indiquant l'arrivée d'un message électronique. Il joua les premières mesures de la *Gavotte en rondeau* sur le Vuillaume. Puis il posa l'instrument d'un air satisfait sur la grande table marquant la frontière de l'atelier et du petit salon.

Il alla vers son ordinateur installé à l'extrémité de l'établi. Il ouvrit la messagerie. C'était un courriel de Midori Yamazaki.

De : Midori Yamazaki
À : 水澤礼 / Rei Mizusawa / Jacques Maillard
Objet : Un concert à Paris
Date : 19 novembre 2004

Cher Mizusawa-san

Excusez-moi de vous avoir laissé sans nouvelles si longtemps. Depuis notre rencontre de mai 2003, un an et demi s'est écoulé. Le temps file à une allure invraisemblable !

J'ai fait plusieurs tournées un peu partout dans le monde l'année passée. La dernière était en Europe de l'Est en décembre. Au début de cette année, sans doute à cause de la fatigue accumulée depuis des mois, je suis tombée malade. Alors, sur le conseil de mon médecin, je me suis donné six mois de repos. Ce n'est que depuis septembre que j'ai retrouvé petit à petit mon rythme normal. Maintenant, je suis complètement rétablie.

Je tenais à vous remercier de la lettre que vous m'aviez envoyée à la suite de votre rencontre avec Madame Lin Yanfen. Vous avez désormais la pièce qui vous manquait pour avoir la vue complète du drame du 6 novembre 1938. Et je suis heureuse de partager avec vous cette vision globale où apparaît de nouveau un peu mon grand-père.

Je vous écris aujourd'hui pour vous annoncer que je serai à Paris au printemps prochain et que je donnerai un concert à la salle Pleyel. J'espère que vous pourrez y venir avec votre femme. Vous recevrez une invitation officielle de la part de mon agent. Je serais ravie de vous revoir à cette occasion. Ma mère sera là, très certainement.

Amitiés sincères,
Midori Yamazaki

Rei répondit aussitôt à Midori pour la remercier de son message et de son invitation à son concert parisien. Il lui assura qu'il ne manquerait pas d'y être avec sa femme. Il s'imaginait déjà à la salle Pleyel. Comment pouvait-il ne pas y aller avec Hélène ? Ce serait avec une grande joie qu'il la présenterait à la jeune violoniste ! Puis, après le concert, si son emploi du temps le permettait, il serait si heureux de la retrouver en compagnie de sa mère !

Il téléphona à Hélène pour lui faire part de l'invitation qu'il avait reçue de Midori Yamazaki. Elle s'exclama au bout du fil :

— Quel singulier destin que le tien ! Il faudrait inviter à ce concert ton père et le lieutenant Kurokami aussi, si une telle chose était réalisable !

10

Un peu tendus, Rei et Hélène arrivèrent à la salle Pleyel beaucoup trop tôt. Dans le hall, il n'y avait pas encore grand monde. Quelques rares silhouettes bougeaient vaguement comme à travers le mirage provoqué par la chaleur étouffante d'une journée d'été. Une ombre s'approcha d'eux.

— Jacques ! Bonjour…

— Oh, quelle surprise ! Ça va ?

— Ça va. Merci. Je me disais que je te retrouverais peut-être ici ce soir… Il paraît que c'est une magnifique violoniste… Tu l'as déjà entendue jouer ?

— Oui. Enfin, un peu. Comme ça…

— D'ailleurs, le bruit court qu'elle joue un de tes violons… C'est vrai ?

— Qui t'a dit ça ? Non, ce n'est qu'un bruit justement !… Excuse-moi, je te laisse, il faut que j'aille saluer quelqu'un là-bas.

— Oh, je t'en prie. Allez, au revoir ! À bientôt !

Énervé, Rei souffla, en congédiant le collègue importun et envahissant. Il prit Hélène par le bras pour aller s'abriter derrière une colonne. Qu'est-ce qu'il est pénible ! On dirait qu'il vit de rumeurs, celui-là, se dit Rei, exacerbé. Peu à peu, le hall commençait à se remplir de vestes noires, de robes de couleurs variées, et même de quelques tenues décontractées. Hélène entendit derrière son dos une voix d'homme crier : « Demandez le programme ! »

Elle alla se procurer le programme. Comme cela était annoncé dans la lettre d'invitation officielle, Midori Yamazaki allait jouer le concerto d'Alban Berg « À la mémoire d'un ange ». Le luthier se souvint de la journée passée en compagnie de Midori et de sa mère dans leur maison de Tokyo. Il pensa au lieutenant Kurokami *Dieu Noir.* Il pensa également à son père. Le temps avait filé, engloutissant tout ce qu'il trouvait sur son chemin, sans retour. Mais le lieutenant avait laissé son ombre parmi les vivants, Yu Mizusawa la sienne, également.

Les spectateurs furent absorbés par les portes. Rei et Hélène s'installèrent à leur tour dans leurs fauteuils au milieu de la salle, places acoustiquement optimales, situées à une vingtaine de mètres de la scène.

11

Contrairement aux habitudes en vigueur, le concert débuta avec la *Septième symphonie* de Beethoven pour laisser la place d'honneur au concerto de Berg. Rei aimait beaucoup cette symphonie, surtout dans l'interprétation historique de Furtwängler à Berlin en 1943 : traversée d'un bout à l'autre par une énergie sauvage, une fureur de vivre, même dans le deuxième mouvement qui a l'allure calme d'une marche funèbre, la musique beethovénienne lui paraissait comme un immense et indéfectible désir d'affirmation de l'existence. L'extraordinaire envolée vers la vie qui l'emporte en fin de parcours sur l'angoisse de la mort n'était sans doute pas en contradiction avec l'état d'âme de Rei qui allait se livrer, durant la seconde partie, à la musique d'Alban Berg par la médiation de la petite-fille du lieutenant Kurokami. Quel genre de sons allaient sortir de la rencontre des quatre cordes de son violon et de la mèche de son archet tenus par les mains de la jeune violoniste initiée à la musique par *Dieu Noir* ?

Après un long entracte qui ne contribua qu'à augmenter son impatience et les agitations de son cœur, Rei se rassit sur son siège.

— Ça va ? lui demanda Hélène.

— Oui, répondit faiblement Rei. Hélène n'entendit qu'un souffle bref à peine audible, comme si l'adverbe marquant l'affirmation n'avait pas entraîné la moindre vibration de la corde vocale.

Midori Yamazaki apparut enfin sur scène en tenant de la main gauche tout ensemble le manche de son violon de couleur sombre et le talon de son archet verticalement pointé vers le haut. Des applaudissements envahirent la salle. Répondant avec un sourire gracieux et étincelant à l'attention générale braquée sur elle, la musicienne avança vers le premier violon solo de l'orchestre, lui serra la main, puis se retourna vers le public pour faire une profonde révérence. Le chef d'orchestre, qui s'était mis en retrait pendant que Midori saluait le public, se dirigea vers le podium et s'inclina légèrement en direction du public. Lorsqu'il se présenta devant les musiciens, les applaudissements cessèrent brusquement. Midori était habillée, non pas d'une robe de couleur vive comme cela arrive souvent avec une concertiste ou une cantatrice, mais d'une veste et d'un pantalon noirs sobres qui semblaient marquer son intention de se fondre dans le corps de l'orchestre. Elle avait des cheveux mi-longs noués derrière la nuque par un ruban rouge. Rei entendait son cœur battre très fort comme si, d'un instant à l'autre, il allait faire exploser sa cage thoracique. Hélène se rendit compte que la respiration de son compagnon s'accélérait d'une manière anormale. Ça va ? chuchota-t-elle encore une fois, en lui prenant la main. Rei ne lui répondit pas, tout en pressant la main d'Hélène dans la sienne.

Le chef d'orchestre leva les deux bras, regarda la harpiste au fond légèrement à sa gauche, les clarinettistes juste en face de lui. Après un silence tendu et étiré de plusieurs secondes, les bras descendirent lentement, tandis que la violoniste se préparait à poser son archet sur les cordes pour se glisser en *pianissimo* dès la deuxième mesure dans la matière sonore inaugurale du concerto « À la mémoire d'un ange ». Les premières notes étaient comme un moment silencieux d'avant le commencement de l'œuvre, comme si l'instrumentiste procédait à l'accordage préalable de son instrument. Les doigts de la main gauche de Midori ne touchaient pas encore les cordes. Les arpèges de cordes à vide étaient soutenus par les arpèges des deux clarinettes et de la harpe. C'étaient les sons naturels du violon qu'on entendait. Rei fut saisi d'un tremblement intérieur.

Bientôt, la musique s'embarqua dans un grand océan de sonorités dissonantes d'où, de temps à autre, d'une manière insoupçonnée, émergeaient, comme des clairières caressées par les premiers rayons du soleil levant, des arpèges d'accords ou de courtes phrases mélodiques qui ne heurtaient pas les oreilles coutumières de la musique antérieure à la rupture dodécaphonique. Rei et Hélène connaissaient « À la mémoire d'un ange ». Ils savaient que l'œuvre avait été composée sous l'effet du choc violent provoqué par la mort soudaine, à l'âge de dix-huit ans, de Manon Gropius – fille d'Alma Mahler et de l'architecte Walter Gropius – des suites d'une poliomyélite. À l'écoute du premier mouvement brillamment interprété par Midori, Rei avait le sentiment d'être témoin de l'enfance immaculée de la défunte et même de percevoir, à travers les clartés sonores qui lui semblaient indiquer le conflit fondamental de la tonalité et de l'atonalité, les éclats de vie d'une enfant marchant joyeusement, jouant gaiement, riant sans retenue, chantant à tue-tête.

Le second mouvement, qui avait commencé par un *allegro* d'une rare violence, montrait, selon le texte du programme, l'irruption du mal et son inexorable marche vers la mort. Le violon de Midori Yamazaki se tordait de douleur, se détachant du foisonnant déploiement sonore de l'orchestre : les violoncelles lui semblaient indiquer la sourde menace suscitée par le déclenchement de la maladie, les cuivres évoquer la puissance redoutable de l'affection morbide, les tympans signaler le paroxysme des souffrances qui s'emparaient du corps de la jeune fille. Les *pizzicati* que la violoniste faisait acrobatiquement avec la main gauche étaient comme autant de pointes d'élancement. Soudain, un calme s'installa : c'était la célèbre citation de la cantate de Bach *O Ewigkeit, du Donnerwort* (*Ô, éternité, toi, parole foudroyante,* BWV 60) introduite par le violon, relayée ensuite par les clarinettes. À partir de ce moment-là, la musique glissait tout doucement sur le terrain de l'apaisement pour aboutir à une fin sereine où le violon ne cessait de monter de note en note vers l'infini disparaissant dans le silence…

12

Le silence dura longtemps… personne n'osait le perturber.

Quelqu'un, cependant, à bout de patience et d'émotion, frappa des mains timidement.

Les autres le suivirent.

Ce fut alors une interminable avalanche d'applaudissements.

13

Les acclamations fusaient. Elles redoublèrent, lorsque la violoniste salua particulièrement la harpiste en allant lui donner le bouquet de fleurs qu'on venait de lui offrir. L'interprète disparut pour la quatrième fois dans les coulisses après avoir répondu, en se courbant à plusieurs reprises, aux applaudissements redoublés du public. Le chef d'orchestre la suivit.

La tension relâchée, Rei et Hélène se trouvaient dans un état d'abattement, tandis que la foule des spectateurs se déchaînait en multipliant ses cris de bravo.

La musicienne revint enfin, seule, un micro sans fil à la main. Elle se mit à parler. Sa voix était claire. Brusquement, un grand calme s'installa ; tous les bruits disparurent instantanément comme les eaux de pluie absorbées par une terre sèche et aride.

— Merci beaucoup d'être venus ce soir aussi nombreux. En général, dans un concert, les musiciens ne parlent pas. S'ils parlent, c'est à travers la musique qu'ils le font. Mais ce soir, c'est spécial. Je voudrais en effet vous parler de mon violon, de ce merveilleux violon sur lequel j'ai joué ce soir le concerto « À la mémoire d'un ange » d'Alban Berg.

— Tu savais que c'était le tien ? demanda Hélène.

— Oui. Quand elle est apparue sur scène avec son violon, je n'étais pas sûr…, malgré sa couleur particulière. Mais dès les premières notes, j'ai compris que c'était mon Vuillaume, avec ton archet.

— Ce violon m'a été prêté par un luthier français, M. Jacques Maillard. Il est aussi japonais. Il s'appelle M. Rei Mizusawa.

Midori parlait lentement, avec un accent plutôt américain que japonais.

— C'est un violon de Nicolas François Vuillaume qui date de 1857, le jeune frère du grand Jean-Baptiste Vuillaume. Il appartenait au père de M. Maillard, M. Yu Mizusawa. Un jour de 1938, ce violon a été détruit par un acte d'une violence inimaginable…

Midori Yamazaki commença ainsi à raconter toute l'histoire du violon de Yu Mizusawa.

— Excusez-moi, je ne suis pas très à l'aise en français. Veuillez m'excuser de lire maintenant un petit texte que j'ai préparé pour cette occasion.

Midori sortit une feuille blanche de la poche intérieure de sa veste et la déplia. Dans la salle régnait un profond silence comparable à celui d'un grand temple zen de Kyoto.

14

Midori continuait sa lecture en détachant de temps en temps ses yeux de la feuille blanche.

— Ce petit garçon, qui tremblait de peur dans l'armoire et qui a reçu de la main de mon grand-père le violon cassé de son père, est donc devenu luthier et a consacré sa vie à le restaurer. C'est sur ce violon que j'ai eu l'honneur de jouer ce soir avec un archet fabriqué par son épouse Hélène Becker. Je le trouve absolument merveilleux, tout à fait comparable à un Stradivarius ou à un Guarnerius… J'ai été, en tout cas, conquise par ce Vuillaume-Maillard. Je dirais que le violon initial de Nicolas François Vuillaume a été ressuscité, amélioré, enrichi, magnifié par Jacques Maillard.

La violoniste ne regardait plus ses notes.

— Il est là, parmi nous, ce soir, avec Hélène. Je les vois d'ici. Je ne résiste pas au plaisir de vous les présenter… Monsieur et Madame Maillard !

Jacques et Hélène, surpris et déconcertés par cet appel soudain et inattendu, se levèrent et s'offrirent maladroitement au regard des spectateurs qui remplissaient la salle Pleyel et qui les ovationnèrent longtemps, jusqu'à ce que, timidement, Midori fît signe au public de se calmer.

— La soirée n'est pas encore finie. Parce que je voudrais donner en *bis* deux morceaux.

Une tempête d'acclamations se leva. La violoniste attendit. Le silence revenu, elle fit part au public de son désir de lui faire entendre d'abord la musique que le petit Jacques avait entendue, ce jour-là, avant l'arrivée des militaires et ensuite celle à laquelle il avait prêté une attention concentrée dans l'obscurité solitaire et effrayante de l'armoire. Midori précisa que le premier morceau en *bis* était le premier mouvement du quatuor à cordes de Schubert, *Rosamunde*.

— C'est ce chef-d'œuvre de Schubert que M. Yu Mizusawa, le père de M. Maillard, répétait avec ses trois amis chinois. Mon grand-père n'a pas assisté à la répétition comme vous pouvez le comprendre d'après mon récit. Mais il a su par la bouche de M. Mizusawa que c'était cette œuvre que les musiciens amateurs travaillaient. Je garde le souvenir ineffaçable de mon grand-père qui écoutait inlassablement ce quatuor. C'était presque obsessionnel… Et je comprends maintenant pourquoi.

Quatre sièges furent préparés en forme de demi-cercle sur le devant de la scène. Midori Yamazaki s'était concertée avec trois musiciens de l'orchestre pour jouer le quatuor. Elle assurait le premier violon, la place et le rôle de Yu

Mizusawa. Ghaleb Cheikh, violoniste, Joëlle Christophe, altiste, Jian Zhang, violoncelliste, la rejoignaient pour l'occasion.

— Voici donc le premier mouvement du quatuor de Schubert, *Rosamunde*.

Tandis que les trois musiciens de l'orchestre venaient se mettre debout chacun derrière son siège, Midori Yamazaki posa le micro sur le podium et prit place à son tour. Ils saluèrent les spectateurs qui, enthousiasmés par la proposition singulière de la violoniste japonaise, leur répondirent par un redoublement d'applaudissements.

Les quatre musiciens s'assirent, accordèrent leurs instruments. Le violon de Midori, le Vuillaume-Maillard, étincelait de sa sombre lueur et se distinguait des autres instruments plus clairs qui tiraient plutôt sur le jaune-orange. Les deux mille auditeurs retinrent leur souffle. Le moindre frottement de vêtements, le moindre couinement de fauteuils gênaient. On entendait presque la respiration de ses voisins. Chacun attendait la naissance des premières notes de Schubert qui revenaient de loin ce soir-là, de très loin, d'un autre monde ou même de l'autre monde, d'un temps et d'un lieu infiniment éloignés, d'une enfance assassinée, d'une mémoire ancienne déchirée, brisée, mutilée.

Enfin, après les deux premières mesures qui sonnaient comme d'obscurs clapotements d'eau stagnante, le violon de Midori, qui réunissait autour de son *âme* trois autres *âmes* au moins – celle de Yu Mizusawa, celle du lieutenant Kurokami et celle aussi de Rei Mizusawa –, entrait délicatement, en *pianissimo*, dans l'ample et profonde mélancolie schubertienne.

Dans l'épaisse obscurité de l'immense salle Pleyel surgissait fantomatiquement la salle de réunion tokyoïte de 1938, hébergeant l'armoire massive où s'était réfugié le petit garçon.

Rei s'enfonçait dans les ténèbres. Un frisson lui traversa le dos.

15

Midori Yamazaki remerciait, en leur serrant la main, en multipliant les petites inclinations de tête, les trois musiciens de l'orchestre qui avaient aimablement accepté de collaborer avec elle. Au bout d'un certain temps, elle reprit le micro laissé sur le podium et, d'un geste discret, essaya d'arrêter l'interminable explosion de louanges.

— Merci. Il est temps maintenant de passer au deuxième morceau. Il s'agit de la petite pièce de Jean-Sébastien Bach : la *Gavotte en rondeau* de la *Troisième partita pour violon seul*. Pourquoi la *Gavotte en rondeau* ? Parce que c'est ce morceau que le père de M. Maillard a interprété ce jour-là en présence de mon grand-père qui lui avait demandé de jouer quelque chose…

Rei avait enlevé ses lunettes et appuyait les doigts de la main gauche sur ses yeux fermés. Hélène posa sa main droite sur les genoux de son compagnon, délicatement.

— Je dédie ce moment musical à l'âme de Yu Mizusawa et à celle de Kengo Kurokami.

Les applaudissements s'élevèrent pour s'apaiser aussitôt. Un grand silence envahit la salle.

Midori, les bras ballants le long du corps, tenait son violon par le manche avec la main gauche et le talon de son archet dans la main droite. Elle ferma les yeux. Le recueillement dura plus d'une minute. C'était pour la violoniste comme une minute de silence qu'elle s'imposait chaque année le 6 août à huit heures quinze, en pensant aux victimes d'Hiroshima, à la famille de son grand-père exterminée, à son grand-père lui-même qui avait *honteusement* survécu aux horreurs de la guerre, aux bombardements de Tokyo du 10 mars 1945 et à l'enfer de l'explosion atomique. Elle rouvrit les yeux ; mit son violon sombre sur l'épaule gauche et sous le menton ; leva lentement le bras droit pour poser l'archet sur les cordes.

Le morceau démarra sur un thème sautillant, jovial, épanoui, comme pour accompagner un adolescent de la ville parti en promenade à la campagne, par un matin ensoleillé, poussé par le bonheur d'exister, aiguillonné par la curiosité de découvrir la beauté du paysage environnant. À un moment donné, la musique changea de couleur et d'atmosphère comme si elle traduisait l'inquiétude refoulée de l'adolescent voyant s'amonceler subitement un gros nuage noir dans le ciel, radieux quelques minutes auparavant. Mais ce n'était qu'un assombrissement passager. Peu après, le thème enjoué du début revenait. Combien de fois l'avait-on entendu, déjà, ce motif souriant, pétillant ? On sentait, dans ce retour insistant, dans ce désir de le *broder* indéfiniment, l'inaltérable attachement du compositeur à cette petite mélodie folâtre, comme l'affection inconditionnelle qu'on éprouve pour une chanson simple, apprise dans l'enfance, palpitant au fond de soi de façon ininterrompue comme une source d'eau intarissable, prête à rejaillir à tout moment de l'âge tendre à la vieillesse avancée…

Lorsque, à la fin, la musique revint pour la cinquième fois au thème initial et qu'elle se ralentit sensiblement pour marquer son achèvement, Rei se sentit habité par une étrange sensation qui le délivrait de l'espace-temps gelé de son enfance et qui le faisait atterrir enfin sur celui du monde qu'il habitait réellement avec Hélène et ceux qui les entouraient. Les dernières notes amenèrent la violoniste à lever tout doucement son bras droit vers le haut.

Une salve de bravos et d'applaudissements éclata et fusa de tous côtés. Le luthier leva la tête pour regarder la violoniste qui s'inclinait profondément. Il était dans une agitation d'esprit et de cœur qui lui ôtait la voix et l'empêchait d'esquisser le moindre geste. Il ne put faire autre chose que de se tourner vers Hélène qui, cessant de frapper énergiquement ses mains l'une contre l'autre, sortait un mouchoir en papier de son sac à main.

Toute la salle demeura longtemps dans un état de transport rarement observé. Midori Yamazaki multiplia les va-et-vient entre la scène et les coulisses. Les musiciens de l'orchestre commencèrent à se disperser. Lorsqu'elle revint pour la dernière fois afin de saluer le public, il ne restait plus que trois ou quatre personnes sur la scène. Rei remarqua alors, au fond, tout près de la harpe qu'on s'apprêtait à ranger, un homme d'une cinquantaine d'années, habillé d'une simple veste grise, assis par terre, derrière les chaises vides du pupitre des violons. Il regardait droit devant lui, levant légèrement les yeux vers les places d'amphithéâtre. L'homme se leva. Puis il se mit à marcher vers le côté cour. Il tournait la tête de temps à autre du côté de la salle, chancelant comme un vieillard ou un malade poussant une potence à perfusion sur roulettes. Rei se redressa, se mit en avant tout en remettant ses lunettes sur son nez. Il chuchota en avalant sa salive :

— *Otoosan !*

16

Hélène, assise à côté de Jacques, l'entendit murmurer un mot qui lui était inconnu.

— Qu'est-ce que tu dis ?

— … Non, ce n'est rien, répondit Jacques en tournant la tête vers elle… Tiens, il n'est plus là, il a disparu.

— Qui ?

— Mon père, il était là-bas, tout à l'heure, *otoosan*…

ÉPILOGUE

1

Le lendemain du concert, Rei et Hélène sont allés voir Midori et sa mère. Ils s'étaient donné rendez-vous dans le grand hall de leur hôtel à dix-sept heures trente. Rei et Hélène se sont installés sur un canapé en attendant que Midori et Ayako les rejoignent. Quelques minutes après l'heure du rendez-vous, les deux Japonaises sont arrivées. Rei leur a présenté Hélène. Celle-ci a remercié la violoniste du *magnifique* concert et, surtout, de son attention si délicate honorant le travail de Jacques et le sien. Ils ont pris ensemble un apéritif dans le bar-restaurant qui occupe le centre du hall. Chacun a choisi une flûte de champagne pour célébrer le succès du concert et l'événement exceptionnel qu'il constituait dans la vie de Rei comme dans celle de Midori.

— À votre santé ! a dit Hélène.

— À votre santé ! a répété timidement Ayako en français.

— À l'âme du lieutenant Kurokami et à celle de mon père !

— À l'âme ressuscitée du Vuillaume-Maillard ou Vuillaume-Mizusawa qui réunit ce soir les deux âmes en communion autrefois et qui nous réunit tous ici ! dit à son tour Midori.

Ils ont trinqué tous les quatre. Rei et Midori ont trinqué une deuxième fois avant de boire une première gorgée de champagne. La conversation s'est déroulée principalement en français, mais Rei s'est exprimé également en japonais pour ne pas laisser Ayako hors du coup.

— Merci de tout cœur pour ce concert. J'ai été bouleversé comme vous pouvez vous en douter... Quand avez-vous décidé de jouer sur le violon de mon père ?

— Dès que ce concert a été programmé. C'est-à-dire, il y a un an et demi. J'aime vraiment votre violon, vous savez. Depuis que vous me l'avez confié, j'ai un peu délaissé mon Strad. Je me produis presque toujours avec votre violon.

— Je suis très honoré. Je crois que votre grand-père et mon père étaient bien présents tous les deux... À travers les deux morceaux en *bis*, bien sûr, mais par votre choix du concerto de Berg aussi, puisque votre grand-père espérait que vous l'interpréteriez un jour...

— C'est vrai, c'est ce qu'il m'a dit plusieurs fois. Je crois qu'il entendait dans cette musique, au-delà des souffrances de Manon Gropius, celles de toute l'époque où elle a été composée... Jouer « À la mémoire d'un ange » était pour moi une manière de rappeler l'époque de votre père et de mon grand-père… toutes ces années extrêmement douloureuses…

— La musique qui émanait de votre violon était une musique capable de réveiller les morts…, a ajouté Hélène qui avait écouté la conversation tenue par le luthier et la violoniste, tantôt en français tantôt en japonais.

— Capable de réveiller les morts ? a repris Midori.

Elle s'est tournée vers sa mère pour lui traduire ce qu'elle venait d'entendre.

— Oui, la musique était tellement *incarnée* qu'elle possédait la puissance de rappeler les âmes du royaume des morts…, a précisé Hélène en regardant son compagnon.

— En fait, hier soir, j'ai cru voir mon père… J'ai vu mon père *réellement*…

Rei a insisté sur le mot « réellement » et a traduit lui-même pour Ayako ce qu'il venait de dire à sa fille.

— Il était là, après le départ des musiciens, assis par terre, juste derrière les chaises des premiers violons…

La nuit printanière descendait tout doucement. Les flûtes étaient vides sauf celle d'Ayako. Rei a proposé d'aller dîner.

— J'ai réservé une table, pas très loin d'ici. On peut y aller à pied.

Ils se sont levés.

Le luthier a posé sa main droite sur l'épaule de la violoniste.

— Vous garderez ce violon pour toujours. Il a besoin de vous.

— Avec l'archet d'Hélène ?

— Oui, bien sûr, a répondu l'archetière.

Puis, serrant le bras gauche de son compagnon comme si une certaine pudeur l'empêchait de l'embrasser ostensiblement, Hélène a poursuivi :

— Ce violon est son *père*. Mais en même temps son *enfant*. Aujourd'hui, c'est le jour du mariage de son fils ou de sa fille… Il se sépare définitivement de lui ou d'elle… en vous le confiant. Je crois que c'est un événement heureux pour lui… pour nous… Jacques-Rei entre enfin dans une autre période de sa vie…

Le luthier a tourné son visage vers Hélène et l'a embrassée tendrement sur le front.

2

Le concert de Midori Yamazaki a donné lieu à plusieurs articles dans la presse. L'interprétation lumineuse et magistrale du concerto d'Alban Berg et des deux œuvres jouées en *bis* et assorties, en plus, d'un récit hors du commun a attiré sur la violoniste talentueuse l'attention d'un large public allant bien au-delà du cercle restreint des mélomanes. Mais les nouvelles du concert ont projeté également une lumière vive sur le luthier français-japonais Jacques Maillard-Rei Mizusawa.

C'est ainsi qu'il a été contacté par plusieurs journalistes dont notamment celui de la fameuse revue mensuelle *Musique et Parole* qui lui a proposé de faire son portrait. Jacques a accepté de rencontrer le journaliste, Marcel Gaudin. Ils se sont entretenus trois jours d'affilée dans l'atelier du luthier. Chaque interview a duré environ deux heures. Le journaliste prenait des notes tout en faisant marcher un enregistreur numérique. En répondant aux questions du journaliste, Jacques Maillard a raconté toute l'histoire du violon de Yu Mizusawa. À la fin, la conversation s'est portée sur le mystérieux personnage qui était là, sur la scène vide, après le concert parisien de Midori.

— Vous avez donc vu votre père…

— Oui. Il avait l'air fatigué, mais il était comme il y a soixante-sept ans… drapé dans les habits de ce jour-là. La musique de Midori Yamazaki a touché le mort, l'a ramené jusqu'à moi. Oui, devenu revenant, il est *revenu*, si j'ose dire… Ce sont des choses qui arrivent, vous savez…

— …

— …

— Merci pour cette longue interview passionnante. J'essaierai de faire votre portrait en me focalisant sur la *résurrection* du violon.

Jacques a eu l'impression que Marcel Gaudin accentuait le mot « résurrection ».

— Faites comme bon vous semblera… Je vous fais confiance.

— Merci. Je vous enverrai le texte quand je l'aurai terminé. Vous me direz ce que vous en pensez. Je préparerai la version définitive en tenant compte de vos remarques, de vos suggestions…

— D'accord. C'est parfait.

Deux semaines plus tard, Jacques a reçu un long article de cinq pages intitulé « Âme brisée – extraordinaire parcours d'un luthier japonais-français ». Au-dessous du gros titre figuraient une photo de l'interviewé avec son tablier de travail et celle de l'atelier prises par le journaliste. Dans la zone centrale de la deuxième page en trois colonnes resserrées régnait le violon de Nicolas François Vuillaume que Jacques avait photographié dans son état de restauration achevée, le 11 novembre 1982, soit quarante-quatre ans après la tentative de destruction dont il avait été victime.

Jacques s'est permis de rectifier quelques erreurs factuelles et deux ou trois formules dont il a pensé qu'elles ne correspondaient pas au sentiment de craintive pudeur qui ne le quittait pas. Il a laissé passer une nuit. Il a relu l'article trois fois. À la troisième relecture, il a encore trouvé quelques menus détails qui le gênaient. Il s'est obligé à le lire encore une fois et il s'est enfin décidé à le renvoyer à Marcel Gaudin, tout en le remerciant pour la mise en forme de leur longue conversation.

Trois semaines se sont écoulées sans que Rei ait songé un instant à l'article de *Musique et Parole.* Il n'a pas vu en effet le temps passer, car, pendant ces trois semaines, il a déployé toute son énergie non pas de luthier, mais de traducteur, afin de terminer une traduction entreprise des années auparavant, celle de *Dites-moi comment vous allez vivre* de Genzaburo Yoshino.

3

Rei Mizusawa a eu, au demeurant, trois figures paternelles (ou parentales) qui l'avaient arrimé à la vie, sans parler de Philippe et Isabelle Maillard qui l'avaient sauvé de l'enfer de la guerre, de son statut d'orphelin engendré par la guerre. D'abord, le violon de Nicolas François Vuillaume, qui est devenu la colonne vertébrale de sa vie de luthier et de sa vie tout court ; ensuite, le livre de Genzaburo Yoshino qui, constamment, lui a *parlé* depuis la place du père absent. D'où la décision de se consacrer *aussi* à la *ressuscitation* de la voix paternelle par la voie de la traduction.

Mais quel était le troisième élément de la figure paternelle ? Le violon brisé et le livre de Yoshino étaient les seules choses qu'il ait pu sauvegarder de sa vie japonaise brutalement et violemment interrompue un jour de novembre 1938 et qui étaient, par la suite, perpétuellement présentes devant lui, avec lui, en lui, dans sa vie française de tous les jours. Bien des années plus tard, au plus fort de sa vieillesse, le cardigan rose et le roman de Takiji Kobayashi se sont ajoutés à sa collection personnelle des objets témoins du passé assassiné. Mais on ne pouvait pas dire, tant s'en faut, que ces deux derniers l'avaient escorté durant les longues années de construction de sa personnalité.

Contrairement au violon de son père et au livre de Yoshino, quelque chose n'avait pas pu être conservé au grand désespoir de Rei. En réalité, ce n'était pas une chose, mais un être, une vie : le chien shiba qui avait fait son apparition mystérieuse, ce dimanche-là, à la nuit tombante, sur le chemin de son retour solitaire à la maison. Philippe et Isabelle, ses parents adoptifs, avaient accepté que Rei gardât l'animal avec lui le peu de temps qu'il leur restait à passer dans la capitale nipponne. Mais le jour où Rei avait définitivement quitté le Japon avec ses parents français, il avait dû se séparer du chien à qui il avait attribué le nom de Momo. Celui-ci avait été confié à un voisin des Maillard. Ce fut un déchirement. Dans son combat avec la déréliction, Rei avait fini par se dire qu'à l'inverse de la grue d'un fameux conte fantastique ancien, qui se transforme en une belle femme pour remercier l'homme qui l'a sauvée, son père, ne pouvant plus apparaître comme tel à ses yeux, avait choisi de se faufiler dans la peau de Momo. Et, pourtant, il avait fallu qu'il se séparât de son père une deuxième fois, en se séparant de Momo. Le cœur de Rei s'était brisé. Philippe et Isabelle savaient combien la plaie était douloureuse et profonde ; qu'elle resterait longtemps saignante, vive, ouverte. Comment panser cette blessure inguérissable ? Comment la rendre moins violente ? Ils avaient ainsi eu l'idée d'offrir à l'enfant de Yu Mizusawa, qui était devenu le leur, un chiot né dans la famille de la sœur d'Isabelle. Ce chien, nommé également Momo, avait accompagné Rei pendant toute son adolescence. Il était fort âgé, proche des derniers instants de sa vie, lorsque le jeune homme avait entrepris sa formation de luthier à Mirecourt. C'est seulement longtemps après, quand il avait mis la dernière main à la restauration du violon paternel, que Rei avait été tenté par la compagnie d'un autre chien. L'occasion s'était présentée à lui de prendre sous sa protection un shiba. Il n'avait pas résisté à l'envie de vivre avec lui. Un autre nom que celui de Momo n'était pas envisageable. En fait, tous les chiens du monde s'appelaient Momo pour le luthier, qu'ils soient mâles ou femelles, de même que tous les violons du monde étaient pour lui des cousins ou même des frères du Nicolas François Vuillaume.

Au moment où Jacques Maillard s'occupait des épreuves de l'article pour *Musique et Parole* et où il travaillait avec acharnement à sa traduction de Genzaburo Yoshino, il en était à son quatrième Momo.

4

Enfin, l'entretien « Âme brisée – extraordinaire parcours d'un luthier japonais-français » a paru. Rei l'a lu d'une traite. Tout naturellement, il a eu l'idée de traduire en japonais ses propos recueillis par Marcel Gaudin pour les envoyer à Lin Yanfen à Shanghai. Il a mis une semaine entière pour faire ce travail. Il a aussitôt envoyé au petit-neveu de Yanfen le texte japonais accompagné d'une lettre qui rendait compte du concert parisien de Midori. Plus de dix mois s'étaient écoulés depuis sa visite à l'hôpital de Shanghai. Lorsqu'il avait reçu le courriel de Midori Yamazaki annonçant son concert à la salle Pleyel, il avait écrit sans tarder à Yanfen pour lui faire part de la joie silencieuse qu'il éprouvait à l'idée de pouvoir entendre jouer la petite-fille du lieutenant Kurokami. Yanfen lui avait répondu laconiquement : « Je suis heureuse pour vous que vous ayez cette occasion de retrouver votre *Dieu Noir*… »

Trois jours après, Rei a reçu un message du

petit-neveu accusant réception de l'article. C'était un courriel réduit au strict minimum.

Puis, le silence.

Un silence qui a duré environ deux semaines.

Un jour, alors que l'article de *Musique et Parole* s'était presque retiré de la mémoire immédiate du luthier, une enveloppe est arrivée chez lui en provenance de Chine.

C'était une lettre de Yanfen, sur deux feuilles A4 de couleur rose pâle, réalisée en Word.

17 mai 2005
Hôpital municipal de Shanghai

Cher Rei-san,

Vous ne pouvez pas imaginer avec quelle joie j'ai lu « Âme brisée – extraordinaire parcours d'un luthier japonais-français ». Merci de me l'avoir traduit.

Votre visite à l'hôpital m'a comblée de joie. Elle m'a permis de faire ce que je devais faire avant de quitter ce monde : vous restituer le cardigan rose et le livre de Takiji Kobayashi. Privée de cette possibilité, j'aurais été envahie de remords. Mon âme, si j'ose parler ainsi, serait éternellement restée clouée sur une paroi rugueuse de l'ici-bas comme un cerf-volant prisonnier de l'épais feuillage d'un arbre.

La lecture de l'article de *Musique et Parole* fut l'occasion de repenser à tout ce que vous m'aviez dit lors de cette inoubliable journée passée ensemble dans ma chambre d'hôpital. Vous m'avez ainsi offert la grande chance de vous suivre, étape après étape, dans toute votre carrière de luthier qui s'est construite autour du violon de Yu. Vous avez perdu votre père ce jour-là, le 6 novembre 1938, dans des conditions tragiques, mais, en fin de compte, vous avez toujours vécu avec lui à travers son violon qui vous est resté, grâce au lieutenant *Dieu Noir.*

Avec le récit du concert parisien de Midori Yamazaki, vous m'avez donné la possibilité d'assister par la pensée à cet événement historique qui a réuni par la magie de la musique les trois personnages principaux du drame ! Je vous remercie, Rei-san, de votre attention si délicate qui vous a poussé à me rendre compte des menus détails de cette soirée. Je crois volontiers ce que vous m'écrivez au sujet de Yu qui est *revenu*, rappelé par le son de son violon, et qui est reparti après avoir écouté les deux œuvres en *bis* qui l'*incarnaient.* Son âme était accrochée quelque part, à un toit de maison, à une branche d'arbre ou à une marche d'un escalier en pierre ; il était venu la chercher certainement… Le lieutenant *Dieu Noir* aussi, rappelé par la *Gavotte en rondeau* de Jean-Sébastien Bach ainsi que par « À la mémoire d'un ange » d'Alban Berg, était probablement là… Je me plais à penser que Yu et *Dieu Noir* se sont revus à cette occasion après tant d'années d'un silence de mort. Berg a composé cette musique absolument déchirante en 1935, c'est-à-dire seulement trois ans avant l'année où la catastrophe s'est abattue sur nous… Nous ne le savions pas bien sûr. La souffrance renfermée dans cette œuvre, une sorte de prière silencieuse qui en émane peu à peu à la fin sont peut-être la signature même qu'a laissée *notre* époque... Je me demande si ce n'est pas une telle pensée qui habitait le cœur de *Dieu Noir*.

La médecine a fait valoir ses progrès pour me prolonger la vie inopinément. Mon médecin traitant est le premier à en être étonné. Mais elle a ses limites, car je crois vraiment être arrivée au bout de mes jours cette fois. Je vous écris, aidée encore par mon petit-neveu dévoué, cette lettre que je crois être la dernière de ma vie. Je vous quitte, mon très cher Rei-san. Ma vie, que j'aurais souhaitée autre que celle qui m'a été assignée, arrive à son terme. C'est une délivrance mêlée d'infinis regrets. La mort, pour ceux qui la vivent, est une expérience douloureuse. Mais la mienne est une douleur adoucie par une consolation, une consolation certes tardive mais réelle qui vient de ce que votre miraculeuse réapparition devant moi a fait de ma longue vie sans vie, irrémédiablement abîmée une fois pour toutes par la disparition soudaine, brutale, violente de Yu à qui je me sentais liée, même si, vraisemblablement, il ne s'en était pas douté. C'est pourquoi je me félicite d'avoir eu l'idée de rechercher les traces de votre vie, de m'être ensuite décidée à vous écrire. La fin de ma vie fut illuminée par votre présence qui m'a rendu celle de Yu sous la forme du récit de la *ressuscitation* par vous-même de son violon dont je n'avais pu garder qu'un souvenir accablé et une image endeuillée.

Vous trouverez ci-joint deux petites photos que j'ai conservées précieusement. La première est celle de ce quatuor sino-japonais. Elle a été prise le jour même de la première répétition de *Rosamunde*, le jour de la constitution du quatuor. Votre père, le premier violon, est le plus âgé des quatre ; il se trouve à l'extrême gauche. Vous le voyez muni de son Nicolas François Vuillaume. Sur la deuxième, vous me voyez en compagnie de votre père. Cette photo a été prise par Cheng, violoncelliste, le jour où Yu m'a prêté le cardigan rose. Je le porte sur moi : le reconnaissez-vous ?

J'aurais pu vous les donner lors de votre visite à l'hôpital, mais je n'ai pas pu. Ma timidité naturelle m'a empêchée de le faire spontanément. Mais maintenant que je sais que c'est la dernière et unique occasion de vous les adresser, je le fais sans états d'âme. Elles pourraient brûler avec moi, dans mon cercueil, mais elles pourraient, j'ose le croire, trouver place dans le dossier de votre vie…

Je vous quitte, cher Rei-san, avec un infini chagrin que je porte en moi depuis longtemps, comme celui, en somme, qu'exprime *Rosamunde* de Schubert.

Adieu et merci encore.

さようなら．そしてもう一度，ありがとう．

(*Sayoonara, soshite mooichido, arigatoo*)

Lin Yanfen
林硯芬

La dernière ligne ainsi que le nom et le prénom de Lin Yanfen étaient tracés à l'encre bleue, d'une belle écriture cursive un tant soit peu tremblante, de la main même de l'auteure de la lettre.

Exactement huit jours après la réception de cette lettre, au petit matin, Rei a reçu un bref message électronique du petit-neveu de Yanfen qui annonçait le décès de sa grand-tante. Elle était partie seule dans la nuit quelques heures auparavant, sans que personne s'en aperçût.

Jacques Maillard a appris ce jour-là que le comité de lecture d'une grande maison d'édition avait accepté la publication de sa traduction de *Dites-moi comment vous allez vivre.*

5

Il était dix heures du matin. Rei, assis dans le fauteuil du petit salon, se reposait en buvant un café. Il avait à la main la lettre de l'éditeur. Il s'est levé d'un bond pour aller dans la salle de séjour.

Il a ôté son tablier bleu marine qu'il a laissé nonchalamment sur le canapé. Il a ouvert la porte du placard où sont conservés les images et les souvenirs des êtres chers disparus il y a longtemps ou récemment, des êtres jamais oubliés, toujours présents : son père, sa mère, quelques maîtres luthiers de Mirecourt et de Crémone, Philippe et Isabelle Maillard, Momo I, Momo II, Momo III, le lieutenant Kurokami *Dieu Noir* et Lin Yanfen… C'était un autel, oui, un vrai autel, mais un autel qui ne relevait d'aucun culte. Jacques Maillard, ou Rei Mizusawa, était un homme sans religion. Il ne croyait à aucune après-vie. Qu'est-ce qui resterait à l'extrême fin, à la fin de tout, de la civilisation, de l'humanité, de la planète, du système solaire ? Tout serait englouti, oublié, perdu. La vie ne serait-elle pas au bout du compte une gigantesque hécatombe ? Pourquoi alors en ajouter d'autres ? Pourquoi commettre la bêtise abyssale d'en fabriquer d'autres, celles, innombrables, que les guerres engendrent impitoyablement, celle des tranchées, celle des camps d'extermination, celle causée par les bombes qui pleuvent et qui vous déchiquettent, celle provoquée par les armes de destruction massive allant jusqu'à la bombe atomique brûlant et calcinant toute une ville dans la seconde, érigeant dans le ciel un hideux et diabolique champignon précédé de l'apparition soudaine, aveuglante, déflagrante de la lumière luciférienne ? Pourquoi tant de cruautés ? Pourquoi tant d'actes meurtriers atroces ? Mais, précisément, à cause de ces violences inouïes, de ces tueries irrémissibles qui empêchent brutalement de vivre et qui, par là même, génèrent un interminable défilé de fantômes, l'édification d'un autel était absolument nécessaire pour Rei Mizusawa, un autel qui lui rendait d'abord et surtout son père assassiné et, ensuite, tous les disparus qui l'accompagnaient de près ou de loin. Dès lors, son art de luthier, celui de rendre *les sons de l'âme*, de la vie intérieure, de la plus noire mélancolie comme de la joie la plus profonde – grâce aux compositeurs du passé et du présent et par la médiation des interprètes hors pair – à travers les instruments qu'il fabriquait après tant d'années d'apprentissage, de tâtonnement, d'hésitation, de recherche, après tant d'efforts déployés dans l'étude patiente et passionnée des grands modèles des maîtres anciens, après surtout une vie entière passée, en compagnie du violon de son père au demeurant assez ordinaire, à réparer, à restaurer et à soigner… son art, donc, entièrement dévoué au service des émotions humaines n'était rien d'autre que la tentative d'apaisement de la douleur traumatique issue de la destruction foudroyante de ce qui vous attache le plus intensément au monde et à la vie.

On voyait tout au fond de l'étagère du placard le cardigan rose soigneusement plié sous plastique transparent et le très vieil exemplaire du *Bateau-usine*, dressé contre la paroi, écorné, bruni, considérablement détérioré sous le poids des années. La stèle en carton de Kengo Kurokami servait de support aux deux petites photos jaunies et défraîchies qu'il avait reçues de Yanfen huit jours auparavant. À côté de celles-ci, Rei avait placé une photo de la vieille dame chinoise qui s'efforçait de sourire, appuyée contre le matelas de son lit presque verticalement dressé, photo qu'il avait prise lors de son passage à l'hôpital de Shanghai. Enfin, sur le devant de l'étagère, une photo en couleurs toute récente du violon Vuillaume-Mizusawa-Maillard était posée sur un minuscule chevalet.

Les deux mains jointes, je me tiens debout, planté droit comme un cyprès ancestral, devant la petite et étrange communauté des morts. D'un geste ferme et décidé, j'intercale la lettre de l'éditeur pliée en quatre juste dans les pages du livre de Takiji Kobayashi. Discrètement, Hélène est là, à mon côté ou plutôt derrière moi à droite, un peu en retrait. Voit-elle bouger mes lèvres ? Je murmure quelques mots inarticulés qu'elle n'entend certainement pas. Au bout d'une si longue minute de recueillement, je referme la porte du placard.

Je renfile lentement mon tablier bleu marine. Je disparais dans la pénombre de mon atelier en prenant Hélène par la taille.

REMERCIEMENTS

Contre toute attente, c'est pendant la phase d'élaboration de mon texte « *Shindemo shinikirenai* » paru dans l'ouvrage collectif *Armistice* (Gallimard, 2018) dirigé par Jean-Marie Laclavetine, que l'idée d'*Âme brisée* m'est venue à l'esprit et a pris corps avec une fulgurance dont je suis le premier à être étonné. Avançant en âge, je ressens, que ce soit à Tokyo où je vis ou à Hiroshima où j'ai mis la dernière main à « *Shindemo shinikirenai* », que nous sommes entourés de fantômes, de morts-vivants, qui se trouvent en peine dans l'espace de l'entre-deux-morts. C'est donc, tout naturellement, à Jean-Marie que mes remerciements vont prioritairement. S'il n'avait pas osé m'inviter à prendre part à *Armistice* et si, en plus, je n'avais pas eu la légèreté de lui répondre sur-le-champ par un oui insouciant et décomplexé, ce roman n'aurait sans doute pas vu le jour.

DU MÊME AUTEUR

Aux Éditions Gallimard

UNE LANGUE VENUE D'AILLEURS, 2011, collection L'un et l'autre (Folio nº 5520).

MÉLODIE. CHRONIQUE D'UNE PASSION, 2013, collection L'un et l'autre (Folio nº 5811).

PETIT ÉLOGE DE L'ERRANCE, 2014 (Folio 2 € nº 5821).

UN AMOUR DE MILLE-ANS, 2017, collection Blanche (Folio nº 6523).

ÂME BRISÉE, 2019, collection Blanche (Folio nº 6941). Prix de la ville de Deauville 2020, prix des lecteurs des écrivains du Sud 2020, prix des Libraires 2020.

Aux Éditions Arléa

DANS LES EAUX PROFONDES, collection La Rencontre, 2018.

COLLECTION FOLIO

Dernières parutions

6920. Collectif	*La Commune des écrivains. Paris, 1871 : vivre et écrire l'insurrection*
6921. Jonathan Coe	*Le cœur de l'Angleterre*
6922. Yoann Barbereau	*Dans les geôles de Sibérie*
6923. Raphaël Confiant	*Grand café Martinique*
6924. Jérôme Garcin	*Le dernier hiver du Cid*
6925. Arnaud de La Grange	*Le huitième soir*
6926. Javier Marías	*Berta Isla*
6927. Fiona Mozley	*Elmet*
6928. Philip Pullman	*La Belle Sauvage. La trilogie de la Poussière, I*
6929. Jean-Christophe Rufin	*Les trois femmes du Consul. Les énigmes d'Aurel le Consul*
6930. Collectif	*Haikus de printemps et d'été*
6931. Épicure	*Lettre à Ménécée* et autres textes
6932. Marcel Proust	*Le Mystérieux Correspondant* et autres nouvelles retrouvées
6933. Nelly Alard	*La vie que tu t'étais imaginée*
6934. Sophie Chauveau	*La fabrique des pervers*
6935. Cecil Scott Forester	*L'heureux retour*
6936. Cecil Scott Forester	*Un vaisseau de ligne*
6937. Cecil Scott Forester	*Pavillon haut*
6938. Pam Jenoff	*La parade des enfants perdus*
6939. Maylis de Kerangal	*Ni fleurs ni couronnes* suivi de *Sous la cendre*
6940. Michèle Lesbre	*Rendez-vous à Parme*
6941. Akira Mizubayashi	*Âme brisée*
6942. Arto Paasilinna	*Adam & Eve*
6943. Leïla Slimani	*Le pays des autres*

6944. Zadie Smith *Indices*
6945. Cesare Pavese *La plage*
6946. Rabindranath Tagore *À quatre voix*
6947. Jean de La Fontaine *Les Amours de Psyché et de Cupidon* précédé d'*Adonis* et du *Songe de Vaux*
6948. Bartabas *D'un cheval l'autre*
6949. Tonino Benacquista *Toutes les histoires d'amour ont été racontées, sauf une*
6950. François Cavanna *Crève, Ducon !*
6951. René Frégni *Dernier arrêt avant l'automne*
6952. Violaine Huisman *Rose désert*
6953. Alexandre Labruffe *Chroniques d'une station-service*
6954. Franck Maubert *Avec Bacon*
6955. Claire Messud *Avant le bouleversement du monde*
6956. Olivier Rolin *Extérieur monde*
6957. Karina Sainz Borgo *La fille de l'Espagnole*
6958. Julie Wolkenstein *Et toujours en été*
6959. James Fenimore Cooper *Le Corsaire Rouge*
6960. Jean-Baptiste Andrea *Cent millions d'années et un jour*
6961. Nino Haratischwili *La huitième vie*
6962. Fabrice Humbert *Le monde n'existe pas*
6963. Karl Ove Knausgaard *Fin de combat. Mon combat - Livre VI*
6964. Rebecca Lighieri *Il est des hommes qui se perdront toujours*
6965. Ian McEwan *Une machine comme moi*
6966. Alexandre Postel *Un automne de Flaubert*
6967. Anne Serre *Au cœur d'un été tout en or*
6968. Sylvain Tesson *La panthère des neiges*
6969. Maurice Leblanc *Arsène Lupin, gentleman-cambrioleur*
6970. Nathacha Appanah *Le ciel par-dessus le toit*
6971. Pierre Assouline *Tu seras un homme, mon fils*
6972. Maylis Besserie *Le tiers temps*
6973. Marie Darrieussecq *La mer à l'envers*

6974. Marie Gauthier — *Court vêtue*
6975. Iegor Gran — *Les services compétents*
6976. Patrick Modiano — *Encre sympathique*
6977. Christophe Ono-dit-Biot et Adel Abdessemed — *Nuit espagnole*
6978. Regina Porter — *Ce que l'on sème*
6979. Yasmina Reza — *Anne-Marie la beauté*
6980. Anne Sinclair — *La rafle des notables*
6981. Maurice Leblanc — *Arsène Lupin contre Herlock Sholmès*
6982. George Orwell — *La Ferme des animaux*
6983. Jean-Pierre Siméon — *Petit éloge de la poésie*
6984. Amos Oz — *Ne dis pas la nuit*
6985. Belinda Cannone — *Petit éloge de l'embrassement*
6986. Christian Bobin — *Pierre,*
6987. Claire Castillon — *Marche blanche*
6988. Christelle Dabos — *La Passe-miroir, Livre IV. La tempête des échos*
6989. Hans Fallada — *Le cauchemar*
6990. Pauline Guéna — *18.3. Une année à la PJ*
6991. Anna Hope — *Nos espérances*
6992. Elizabeth Jane Howard — *Étés anglais. La saga des Cazalet I*
6993. J.M.G. Le Clézio — *Alma*
6994. Irène Némirovsky — *L'ennemie*
6995. Marc Pautrel — *L'éternel printemps*
6996. Lucie Rico — *Le chant du poulet sous vide*
6997. Abdourahman A. Waberi — *Pourquoi tu danses quand tu marches ?*
6998. Sei Shônagon — *Choses qui rendent heureux* et autres notes de chevet
6999. Paul Valéry — *L'homme et la coquille* et autres textes
7000. Tracy Chevalier — *La brodeuse de Winchester*
7001. Collectif — *Contes du Chat noir*
7002. Edmond et Jules de Goncourt — *Journal*
7003. Collectif — *À nous la Terre !*

7004. Dave Eggers — *Le moine de Moka*
7005. Alain Finkielkraut — *À la première personne*
7007. C. E. Morgan — *Tous les vivants*
7008. Jean d'Ormesson — *Un hosanna sans fin*
7009. Amos Oz — *Connaître une femme*
7010. Olivia Rosenthal — *Éloge des bâtards*
7011. Collectif — *Écrire Marseille.* 15 grands auteurs célèbrent la cité phocéenne
7012. Fédor Dostoïevski — *Les Nuits blanches*
7013. Marguerite Abouet et Clément Oubrerie — *Aya de Yopougon 5*
7014. Marguerite Abouet et Clément Oubrerie — *Aya de Yopougon 6*
7015. Élisa Shua Dusapin — *Vladivostok Circus*
7016. David Foenkinos — *La famille Martin*
7017. Pierre Jourde — *Pays perdu*
7018. Patrick Lapeyre — *Paula ou personne*
7019. Albane Linÿer — *J'ai des idées pour détruire ton ego*
7020. Marie Nimier — *Le Palais des Orties*
7021. Daniel Pennac — *La loi du rêveur*
7022. Philip Pullman — *La Communauté des esprits. La trilogie de la Poussière II*
7023. Robert Seethaler — *Le Champ*
7024. Jón Kalman Stefánsson — *Lumière d'été, puis vient la nuit*
7025. Gabrielle Filteau-Chiba — *Encabanée*
7026. George Orwell — *Pourquoi j'écris* et autres textes politiques
7027. Ivan Tourguéniev — *Le Journal d'un homme de trop*
7028. Henry Céard — *Une belle journée*
7029. Mohammed Aïssaoui — *Les funambules*
7030. Julian Barnes — *L'homme en rouge*
7031. Gaëlle Bélem — *Un monstre est là, derrière la porte*
7032. Olivier Chantraine — *De beaux restes*

7033. Elena Ferrante — *La vie mensongère des adultes*
7034. Marie-Hélène Lafon — *Histoire du fils*
7035. Marie-Hélène Lafon — *Mo*
7036. Carole Martinez — *Les roses fauves*
7037. Laurine Roux — *Le Sanctuaire*
7038. Dai Sijie — *Les caves du Potala*
7039. Adèle Van Reeth — *La vie ordinaire*
7040. Antoine Wauters — *Nos mères*
7041. Alain — *Connais-toi* et autres fragments
7042. Françoise de Graffigny — *Lettres d'une Péruvienne*
7043. Antoine de Saint-Exupéry — *Lettres à l'inconnue* suivi de *Choix de lettres dessinées*
7044. Pauline Baer de Perignon — *La collection disparue*
7045. Collectif — *Le Cantique des cantiques. L'Ecclésiaste*
7046. Jessie Burton — *Les secrets de ma mère*
7047. Stéphanie Coste — *Le passeur*
7048. Carole Fives — *Térébenthine*
7049. Luc-Michel Fouassier — *Les pantoufles*
7050. Franz-Olivier Giesbert — *Dernier été*
7051. Julia Kerninon — *Liv Maria*
7052. Bruno Le Maire — *L'ange et la bête. Mémoires provisoires*
7053. Philippe Sollers — *Légende*
7054. Mamen Sánchez — *La gitane aux yeux bleus*
7055. Jean-Marie Rouart — *La construction d'un coupable.* À paraître
7056. Laurence Sterne — *Voyage sentimental en France et en Italie*
7057. Nicolas de Condorcet — *Conseils à sa fille* et autres textes
7058. Jack Kerouac — *La grande traversée de l'Ouest en bus* et autres textes beat
7059. Albert Camus — *« Cher Monsieur Germain,... »* Lettres et extraits
7060. Philippe Sollers — *Agent secret*

*Tous les papiers utilisés pour les ouvrages
des collections Folio sont certifiés
et proviennent de forêts gérées durablement.*

*Composition : IGS-CP à L'Isle-d'Espagnac (16)
Impression Novoprint
à Barcelone, le 23 juin 2022
Dépôt légal : juin 2022
1er dépôt légal dans la collection : avril 2021*

ISBN : 978-2-07-292121-6 / Imprimé en Espagne

549374